边角料书系

陈思和

Collection of
Chen Sihe's
Humanistic Interviews

人文访谈录

（上册）

陈思和 著
陈丙杰 选编

团结出版社

图书在版编目（CIP）数据

陈思和人文访谈录/陈思和著；陈丙杰选编．－－
北京：团结出版社，2022.8
　ISBN 978-7-5126-6756-3

　Ⅰ．①陈… Ⅱ．①陈…②陈… Ⅲ．①社会科学－文集 Ⅳ．① C53

中国版本图书馆 CIP 数据核字 (2022) 第 040034 号

出　版：团结出版社
　　　　（北京市东城区东皇城根南街 84 号　邮编：100006）
电　话：（010）65228880　65244790（出版社）
　　　　（010）65238766　85113874　65133603（发行部）
　　　　（010）65133603（邮购）
网　址：http://www.tjpress.com
E-mail：zb65244790@vip.163.com
　　　　tjcbsfxb@163.com（发行部邮购）
经　销：全国新华书店
印　装：三河市东方印刷有限公司

开　本：130mm×210mm　32 开
印　张：14
字　数：298 千字
版　次：2022 年 8 月　第 1 版
印　次：2022 年 8 月　第 1 次印刷

书　号：978-7-5126-6756-3
定　价：68.00 元（上下册）
　　　　（版权所属，盗版必究）

总　序

张安庆先生为团结出版社策划一套"边角料书系",他来约稿,鼓励我编几种"边角料"为他的新的工作策划壮壮行色。我当然很乐意。

在我的记忆中,以前上海人在日常生活中是很珍惜边角料的。我年轻的时候,任何日用品都需要凭票供应,买衣服更是如此,所以,节省是上海人做人家的第一要义。那时妈妈买了一部缝纫机,学会自己动手做衣服,我则学会了裁剪。也没有什么名师指点,只是买一本裁剪指导之类的书,根据书上指导,依样画葫芦地量体裁衣,先是在旧报纸上琢磨裁剪,然后再把纸样按在布上,用一分钱买来的彩粉划划改改,大着胆子就剪下来了。这样"三脚猫"做出来的衣裤,居然还是能够穿上身的。但是就在自鸣得意之际,被一些内行看了,摇摇头说,这样裁剪太浪费了,平白糟蹋了许多布料呢。于是开始谨慎地学裁剪,果然,用心裁剪,只要位置稍微偏一点点,大裆处就可以省出一块布料——这就是边角料。有时候,几件衣裤套着裁剪,可以省出好多边角料,用来做鞋面,做口袋布,做假领子,这才是最见功夫的裁剪本领。

所以，边角料，本来就是整块布料的一部分，你不在意，它就不存在；你若在意，它还是能够发挥很好作用；若过分在意，把整块布料弄得零零碎碎，当然也是过于浪费，更是不行。一切都在于恰到好处，经济实惠。用上海话来说，学裁剪要学会"候分掐数"。弄文字的人，也应该学会处理边角料。写论文，创作小说，都是整块布料上裁剪出来的服装，除此而外，为了积累零星素材，积累点滴思想，作家的笔记、书信、日记、随笔……一切信手拈来的文字形式都属于边角料之类。在我的阅读中，遇到过好几本极为难得的"边角料"。第一本就是我的导师贾植芳先生所翻译的《契诃夫手记》，里面记载了许多作家的神来之笔，都是可遇而不可求；第二本是钱理群先生编的《删余集》，忘了是哪一家出版社出的，长长短短的文字保存了极为珍贵的历史锈迹；还有第三本，王观泉先生编的《鲁迅与里维拉》，都是边边角角的剪报材料，竟编出了一本天下奇书。

接下来就要说到我自己提供的"边角料"了。2017年底广东人民出版社刚刚推出我的七卷本文集，所以正儿八经的学术论文，已经无法再结集出版了。计划中的好几种专著，也都无法顷刻间完成。但是边角料总还是有的，打开电脑，翻箱底似的寻找出来，大致分作四类的文章：第一类是我的演讲录，我在大约六七年前编过一本演讲录，也是在张安庆先生的操刀下编辑出版的，书名为《从鲁迅到巴金：陈思和人文学术演讲录》，由上海中西书局出版。现在是在这本演讲录的基础上重新编过，篇目也有很大的不同；第二类是访谈录，一般发表在媒体上的访谈，除个别篇什，很少被收入我的编年文集，但是我有个习惯，凡公开发表的文字，我都是过目修改的，所以也算是比较负责的文字；第三类是书简，其实也不是普通书简，我以前写评论文章，有时候是当作读后感，直接与作家进行交流，后来觉得这种形式的评论比较自由，不那么正规，写起来更加随性，所以就有意识地尝试着写。那时朱光潜的《谈美书简》流行一时，我也很想出版一部书简体的评论集。当然这个梦想也没有实现，这些文字大部分都成了"边角料"；第四类是杂感集，杂感的形式，是一百多年前《新青年》发明的，叫作随感录，当时涌现出两个杂感大家，一个是陈独秀，一个是鲁迅。鲁迅编辑《而已集》的时候，依然把自己这一类短文称作杂感，后来鲁迅编自己的文集，把各类文章（也包括杂感）编在一起结集出版，称作杂文集。再后来人们把作为文体的杂感与作为编书体例的杂文集混为一谈，于是广义地称作"杂文"，而杂感作为一类文体的名称，反倒寿终正寝了。在鲁迅的著作里，杂感是他主要的写作形式，当然是整块的布料，而我，实在是偶尔为之，也很少收入文集，所以仍然是我的边角料了。

我还要说明的是，这四种"边角料"的编辑工作，我分别邀请我的学生刘安琪、胡读书、陈丙杰、刘天艺和陈昶来参与，他们帮我搜集、整理、编选、校对等，做了大量的工作，我是有意把这项繁琐的工作交给他们来做。在我看来，中文系培养出来的学生，不仅要学会做学术研究、写高头文章，同时还应该学会做具体的与学术有关的工作，譬如学会操办一次学术会议、完整编辑一本书、独立主讲一门专业课程，等等，知识分子从事的学术工作很具体，最忌讳的就是眼高手低，或者眼低手也低，什么丰功伟业都需要从点点滴滴开始做起。我希望通过这次编辑工作，学生们获得具体的工作经验和工作能力，从而提高学术服务的自觉。

  是为序。

陈思和

2019 年 2 月 13 日写于鱼焦了斋

目　录

001　总　序

第一辑

002　巴金研究访谈录——答孙正萱
017　给知识以生命——答黄发有
034　一代有一代的文学史，力量在未来——答柯弄璋
050　久别的未曾失去的笔——答吴天舟
088　百年新文学　百年新发展——答郭瑾海
103　八个会议，一个时代——答周明全
136　学术是我安身立命的基本立场——答舒晋瑜

第二辑

158　百年荣枯一夕话——答李瑞腾
165　台湾与海外华文文学的研究展望——答李安东
182　要有一颗敢于抗衡的心——答唐明生

197 有行有思，境界乃大——答颜敏
211 文化软着陆面临的挑战——答傅小平

第一辑

巴金研究访谈录

——答孙正萱[①]

孙正萱（以下简称孙）：巴金刚刚过了九十华诞，从1986年你和李辉合作出版专著《巴金论稿》以后，你似乎一直没有离开过巴金研究的工作，而且围绕这个课题作了多方面的尝试，形成一个独特的研究系列。能不能先请你谈谈你所设计的"巴金研究系列"？

陈思和（以下简称陈）：《巴金论稿》是我和李辉在大学里读书时写的系列论文。当时研究巴金创作的人比较多，而关于他的思想，尤其是早期思想，大多数研究者都不敢去正面触及，因为巴金早期信仰无政府主义，而在当时主流观点看来，无政府主义既然是反马克思主义的，那一定是反动的，所以要研究巴金就不能不回避这个问题，或者含糊地指出这是个"局限性"。根据这样一个现实状况，我们在着手研究时有意不谈巴金的创作成就，集中篇幅讨论构成巴金前期思想的各种成

[①] 孙正萱，时为《上海教育学院学报》记者，现为上海第二教育学院中文系荣退教授。

分，如无政府主义、人道主义、爱国主义、民主主义以及来自欧美的恐怖主义；同时从比较的角度，研究了巴金的创作和俄国、西欧等思想文化的渊源关系。这本书写了好几年，直到我们毕业后才由人民文学出版社出版。

之后李辉分配在《北京晚报》从事记者工作，他结合自己的专业，写出了许多引人注目的好作品，如《文坛悲歌——胡风集团冤案始末》。我在学校里教书，业余时间还是研究20世纪中国文学，并做当代文学批评。巴金研究仍然在继续，这几年主要是写了两本书，一本是《巴金研究的回顾与瞻望》（天津教育出版社1991年），一本是《人格的发展——巴金传》（上海人民出版社1992年）。前一本是对近十年来巴金研究成果的评估和总结，后一本是从人格建构的角度来写巴金的学术传记。另外还编过或参与编过几种巴金的作品集，包括对《巴金全集》序跋、集外部分的整理。1992年，我和袁银昌合作策划了一本大型画册《巴金对你说》，用巴老的生活照片配上巴金语录和文字说明，成为一本别具一格的画传。我觉得巴金不仅是当代知识分子的代表，也是中国当代社会良知的代表，应该用各种方法把巴老的思想真实地传达出去，包括他的忏悔思想，使之成为全社会的精神财富。

孙：你刚才说到关于巴金早期的无政府主义信仰问题。现在一般读者对什么是无政府主义并不了解，也不太清楚无政府主义在巴金的小说创作里到底有哪些表现，还有一些研究文章在讲到这个问题时，总把它归结为"局限性"，给以简单的否定。你能不能对这个问题谈点自己的看法？

陈：关于什么是无政府主义的问题，在一元化的意识形态下不容易说得清楚。但在"五四"新文化运动初期，中国思想文化处于多元建构的格局下，西方各种文化思潮在中国平等地做着实验，无政府主义是西方社会主义思潮中的一种，它比马克思主义更早地传入中国，影响和鼓舞了中国知识分子反对封建文化的斗争。无政府主义有两个主要特征，一是反对强权，二是反对专制。在当时的中国，强权就是帝国主义的强权，专制就是封建统治的专制，所以无政府主义一时成为最激进的西方社会主义思潮。巴金就是在这样一个文化背景下接受并信仰无政府主义的。他当时才十五岁，读了俄国无政府主义理论家克鲁泡特金的小册子《告少年》和波兰民粹派作家廖亢夫的剧本《夜未央》以后，就完全被这种革命的思想学说征服，他开始宣布自己是个"安那其主义者"。《告少年》鼓励年轻人放弃在社会上被视为高尚的职业（如医生、律师等），指出只有投身到解放全人类的社会主义运动中去，才是真正有意义的人生道路。《夜未央》是歌颂俄国民粹派革命家为了理想和事业英勇献身的故事。这两本书，一本是讲年轻人应该做什么，一本是讲应该怎么做。这是巴金人生道路的出发点，也是他以后在文学创作中着重反映的两个问题。

　　巴金在中国文坛上所走的道路是充满独特性的。他青年时代信仰无政府主义，二十岁不到就参加了成都的无政府主义小团体，后来到上海、南京，也是一边读书，一边从事社会运动，写过、译过许多宣传无政府主义的文章，直到1920年代末无政府主义运动遭到了国民党政府的镇压以后，他才转向文艺创作，用写小说来宣泄自己政治理想失败后的情绪。巴金从事创作后仍然不遗余力攻击半殖民地半封建的中国社会，宣传他所信仰的无政府主义理想。他的处女作《灭亡》写一个青年革命家因为革命受到挫折,就不顾个人生命危险去搞暗杀活动,最后自己也灭亡了。《新生》和《爱情的三部曲》里都写了知识分子起先沉醉于理论的宣传,不接触实际活动,后来在事实的教训下终于觉醒,投入到群众性的斗争之中,牺牲了生命。这些作品里都提出了青年人"应该做什么"和"怎么做"的问题。但巴金是个有良知的知识分子,不是个马克思主义者,他也不像文学史教科书里所描写的鲁迅、郭沫若那样,有过一个由民主主义向马克思主义世界观转变的飞跃,巴金始终是站在自己独特的思想和信仰的立场上来理解中国社会、中国革命和人生道路的,他所说的理想、信仰、革命、献身等概念,都有着他自己独特的理解。但在意识形态一元化的理解下,巴金小说里描写的一些青年知识分子的追求和斗争,与我们的历史教科书里所使用的这些概念不是一回事。这就引起了一些麻烦,您所说的有些批评文章所说的"局限性"并给以简单的否定,都是由这个矛盾派生出来的。

所以我在前面说了,这些问题只有在思想文化多元格局下才能得到合理的评价,也就是容许不容许文学作品歌颂或正面描写不是中国共产党领导下的革命青年和群众的斗争。现在对这些问题比较清楚了,评价一部文学作品的好坏得失,首先要看它的客观效果。巴金的作品在 20 世纪三四十年代始终鼓舞着年轻人追求理想和呼唤光明的意志,鼓舞年轻人不要安于现状,要反抗社会上种种不合理的制度和势力,这不但在当时社会里具有较大的进步意义,即使在今天的社会里仍然具有进步性。我不知道现在是否还有人会认为文学作品里没有描写共产党领导的革命就是一种局限，我最初对巴金著作发生兴趣的出发点恰恰是在这里。巴金的道路对我的最大启示就是：知识分子的思想发展和人格建构存在着多种道路的可能性，关键是要真诚地追求真理，探索问题，独立思考，自觉站在弱势群体的一边，那么，他不管走什么样的道路，都有可能会真正认识到什么是人生的最高境界，应该怎样去做以及怎样才能无愧于知识分子的称号。巴金从青年时代的无政府主义战士到晚年成为当代中国知识分子的良心，这个过程本身就是最有力的见证。

孙：从表面上看，1930年代有许多作家都写过知识分子反抗黑暗、寻求光明的题材，甚至像《家》那样描写封建大家庭的故事也不在少数，有些作家在政治上可能比巴金更加靠拢革命，然而为什么独独巴金的创作获得了这么大的影响，这跟他的无政府主义世界观有没有关系？

陈：有关系，但不是直接的关系。一般来说，世界观对文学创作的积极影响都不是直接的。所谓直接的影响，那是指在创作中直接用世界观所揭示的观点来描绘、解释和说明现实世界，巴金前期的小说里当然有用无政府主义观点来解释生活、指导人生的地方，比如像《灭亡》里的杜大心，《新生》里的李冷，《爱情的三部曲》里的陈真、吴仁民、敏、李佩珠等，甚至像《家》里的高觉慧的言行中，都有许多无政府主义观点的痕迹，主要体现在反抗专制和强权，以一死报一死的献身精神。但这种影响并不是构成小说成功的关键所在。我认为巴金的无政府主义世界观对巴金创作的积极影响，主要是反映在作家主观情绪对创作的投入，并且由于真诚而产生了魅力。

前面我已经说过，巴金走上文学创作道路是很独特的。巴金是个有独特的政治理想和政治信仰的作家,有他自己独特的关怀社会的方法,也有他自己独特的处世原则,这些独特性与现存社会制度的冲突(尤其是无政府主义运动在中国的失败),迫使他把政治激情转换为审美方式去宣泄和倾吐,这就是巴金每次谈创作体会时都要重申的"我有感情必须发泄,有爱憎必须倾吐,否则我这颗年轻的心就会枯死"的意思。这样做的结果就是,巴金一步步并不自觉地走上了文学道路。由于这种偶然性,1930年代既是巴金文学创作最辉煌的时期,又是他内心最痛苦、人格最分裂的时期。这在中国现代文学史上是很特殊的现象:痛苦与荣誉,失败与成功,绝望与追求,都浑然难分地交织为一体。我在《人格的发展——巴金传》里说过:"他在文坛上的魅力,不是来自他生命的圆满,恰恰是来自人格的分裂:他想做的社会改革事业已无法做成,不想做的文学事业却诱得他一步步功成名就。巴金的痛苦就是巴金的魅力,巴金的失败就是巴金的成功。"所以巴金小说的魅力不在语言风格上,不在文字技巧上,而是在灵魂的痛苦上。他的作品文字流畅,好读好诵,所写的大家庭的衰败,所写的青年反抗黑暗、寻求光明,都是很普通的题材,然而像巴金倾注在作品里的那种分裂的人格和那样一颗痛苦的灵魂,却是很难得的。巴金的作品好读却不好学,因为他这种写作状态是独一无二的。如果要说巴金的前期世界观对他的创作有积极影响,那也不是一种直接的影响,而是间接地从写作状态中转换而来的。

孙:我觉得巴金小说的成功也有艺术技巧的因素,比如像长篇小说《家》,这样宏大的长篇结构与所表达的深刻思想相得益彰,在1930年代是很少见的。又比如小说的情节安排:

在高家大院里，瑞珏所获得的东西（诸如爱情、家庭、地位、富裕等）正是梅小姐失去的，可是瑞珏最后的下场却与梅一样悲惨，像这样的情节本身就是令人深思的。你能否告诉我们这部小说还有哪些重要的启示值得注意和挖掘？

陈：我读巴金的《家》是从整体上去感受的。巴金创作《家》以前已经发表了许多中短篇小说，大多数都是宣泄他在政治运动失败以后悲愤绝望的情绪，而《家》却是以他自己少年时代的家庭生活为背景，由描写理想的英雄转向写现实生活中的普通人。这部作品成为巴金现实主义风格的标志。我觉得这部小说中有两个人物是值得注意的，一个是高老太爷，一个是觉新。在这两个人物的塑造过程中充满了矛盾和冲突：从理智的方面说，巴金从信仰出发，反对封建专制压迫，提倡个人反抗和牺牲，所以他把高老太爷当作封建专制的代表来揭露，把觉新当作软弱妥协的代表来批判，从思想意义上说是相当深刻的；但从私人感情的方面说，由于这两个人物的原型就是巴金的祖父和大哥，他对他们又满怀着真诚的感情，这种感情尽管是无意识的，但仍然对他的创作发生影响。作家复杂的创作感情使人物形象非常饱满，充满了多义性和象征意义。

先说高老太爷。这个人物历来被说成是封建家庭的最高主宰，是黑暗王国的专制代表，巴金自己也是这么认为的。可是你如果细读，就会发现小说里并没有直接写到高老太爷的罪恶。关于高家三个女人的死，似乎都与他有关联，但又不是直接的迫害。鸣凤的死是抗争主人把她送给冯乐山做妾，不过在封建时代里，丫鬟给主人做妾是很正常的命运，高家主人并没有特别要加害她的意思（这在周氏对鸣凤的一段话里表达得很清楚)。梅的死跟她的不幸婚姻有关,但她与觉新有情人不能终成眷属,却有着许多方面的原因。高老太爷只是想抱重孙,而且仅仅是一个念头,他儿子高克文立刻就主动安排了觉新的婚姻,虽然这场婚姻给觉新和梅都带来了灾难,但与高老太爷的关系实在是很少。至于瑞珏的死,完全是封建迷信和愚蠢的孝道造成的,那时高老太爷已经死去,他本人是不能承担这一罪名的。

小说里这些关系被处理得很微妙。三个女人的死似乎曲曲折折地都与高老太爷有关,但又不是直接的主动的迫害关系。高老太爷在小说里所扮演的只是一个大家庭的创始人,一个恪守道德的旧式老人的角色。从这个角度来理解高老太爷,就不难理解他临终发善的诚意。但问题也正在这里,越是那些惨剧与高老太爷的个人品行无关,就越能揭露出封建制度自身的残忍性。高老太爷是依借了封建制度和传统道德来统治大家庭的,封建制度和传统道德的残忍性就不能不借助他的人格体现出来,小说里那些悲惨事件追根溯源都能牵连到他身上,使他成为罪恶与惨剧之间的因果纽带。他赖于传统制度而生存,他的盛荣与衰败都取决于制度的盛衰。当封建制度行将灭亡的时候,高老太爷的权威和专制都不足以挽救这个制度内部的腐朽和没落的前途。他的死很有象征意义,导致他死亡的原因有两个:纨绔子弟的荒淫无耻行为从内部蛀空了封建大家庭,而新一代的叛逆者又从外部动摇了封建制度的根基。一叶落而知秋近,高老太爷的死,敲响了封建制度的丧钟。

再说觉新。我觉得觉新性格的完成在现代文学创作中有着重要的意义,研究界对这个现象还没有给以足够的重视。"觉新性格"就像"阿Q性格"一样,其意义已经超过了人物本身,成为人类某种普遍性的悲剧性格。觉新这个形象的成功与否的标志不在于作家有没有批判态度,而在于有没有揭示出他的悲剧性根源。什么是"觉新性格"?觉新首先是一个懦夫,其次又是一个清醒地认识到自己的悲剧命运的懦夫。他并不是愚昧麻木的人,"五四"新文化的传播使他和他的弟妹们一样,清楚地认识到封建制度必然崩溃的命运,他与弟妹们的根本区别在于:他本人又是这个行将崩溃的制度的产物,他是这个家庭的"承重孙",他整个人就是属于这个制度的,他无法想象他离开这种家庭的生活方式将会变得怎样。因此,为了保住一点可怜的生存权利,他只能怯懦甚至可耻地赖活着。他一次次向恶势力退让,每一次退让都是以牺牲别人(包括他所爱的人)来换取暂时的安宁,为此他也付出了惨重的代价。觉新的悲剧,是封建末世一部分知识分子的悲剧,是以清醒的头脑眼睁睁地看着别人(最后也包括他自己)被送进屠场而无以摆脱的悲剧。他们并不怀疑自己的悲剧性命运,但总是抱一丝幻想,祈求这最后的命运晚一点到来。这似乎也有点悲凉的味道,由此产生的种种绝望、悲观、深度自卑以至精神崩溃的心理,对于现代转型期的知识分子心理有较大的概括力。巴金对觉新的态度始终是复杂的,他一面借觉慧等人的言论来批评觉新的软弱和妥协,另一面又对觉新怀着深厚的同情。高老太爷和觉新都不是能够简单否定的人物,也不是能够用简单化的阶级标签乱贴的形象。人与人的阶级关系总是在一定的环境中才能反映出来,而不可能支配人的一切日常生活,如高老太爷临终的时候,也就是从一个封建制度的人格化还原成一个垂死的老祖父的时候，觉慧与他之间的阶级对立的感情让位给了祖孙之间的人伦感情，这就堵塞了人物脸谱化的可能性。觉新也是这样，作家主观感情的强大投射消解了人物身上阶级概念的痕迹，使人物充满了人性的魅力和丰富的含义。所以，阅读《家》就应该首先抓住这两个人物。

孙：巴金在抗战后期创作的《寒夜》也同样是写"家"的故事，但比起他前期的《家》来，似乎显得更加压抑，英雄主义的反抗激情全没有了。这是时代使然？还是作家艺术风格变化所致？如何看待这些变化？

陈：两个方面的原因都是存在的。《寒夜》是巴金在抗战后期创作的一部重要作品，也是巴金整个创作道路上艺术成就最高的一部小说。把这部小说与《家》对照起来读是很有意思的。《家》是批判封建大家庭，批判父母包办的婚姻制度，提倡青年应该自己来掌握自己的命运；同时又鼓吹青年应该走出大家庭，走上社会接受知识，接受真理，参加实际的革命活动。这两个命题之间既有联系，又有区别。前一个要求是属于"五四"新文化提倡的反封建的任务，后一个要求则反映了巴金所接受的无政府主义和俄国民粹主义的思想。这两种不同的要求在《家》里分别由觉民和觉慧来体现，所以我们在小说里看到作家一面赞扬觉民的逃婚、同情他和琴的自由恋爱；另一面却又通过觉慧的思考来否定觉民的个人主义和恋爱至上，觉慧认为人生有比个人幸福更值得追求的东西，那就是信仰。所以巴金笔下真正的理想人物，像觉慧、淑英，都是反对家庭专制或者包办婚姻而出走，但出走以后并不是建立自己的小家庭过平常人的幸福生活，而是直接投入更加激进的社会活动。理解这一点就能理解《寒夜》。从表面上看,《寒夜》描写的汪文宣和曾树生,正是在社会上接受了文明的教育,树立了进步的理想(陶行知的教育思想),并且由自由恋爱而同居,建立了小家庭。可以说汪文宣所做到的,也正是高家大院里的年轻人想追求的,然而在巴金看来,如果一个人的幸福不是与崇高的理想和社会的责任联系在一起的话,这样的幸福也是靠不住的。在一个没有公正和道义的社会里,缺乏理想和目标的人是可怜的人,他们的幸福就像寒夜里微弱的电灯钨丝,禁不起寒流的折腾。巴金在1930年代写过一些小说来批评这样的小家庭,但在《寒夜》里,他不再用批评的眼光来看待他的男女主人公,而是用悲天悯人的态度对小人物寄予了深切的同情。

为什么巴金对小家庭的态度由批评改为同情,这与抗战以后的客观环境有关。巴金在1930年代从事创作时,刚刚从无政府主义的社会政治运动中走出来,政治激情还没有褪去,思想还处于理想的阶段,同时他那时还是独身一人,对知识分子的使命容易产生一些不切合实际的英雄主义的想法。抗战以后,情况发生了变化,巴金与亿万中国老百姓一起赴国难,经受战乱带来的灾祸。在现实磨难中,他不但比较切实地了解到中国现实的复杂和苦难,也了解到一般中国老百姓的艰难和不易。1944年他与萧珊结婚,开始比较深切地体会到家庭的意义。这一切的时代烙印都不能不反映到他的小说创作中来。再者,从巴金创作的风格演变上说,抗战以后他的无政府主义理想开始渐渐淡去。政治激情一旦褪去,他早年创作中夸张的浪漫主义风格便开始转变了。这种变化的标志大致是在1942年完成的,标志作品是《还魂草》。我们可以从三个方面来看这个变化的轨迹：一是题材的变化，他笔下探讨青年道路、表现青年激情的革命题材越来越少，而对家庭日常生活题材则越来越关心。巴金的《憩园》是很好的证明，这部小说是接着《激流三部曲》写下去的，主人公杨梦痴与《激流》里的高克定是同一个生活原型。原来巴金打算写《激流》第四部，取名叫《冬》，预示了封建大家庭的进一步没落，可是写到后来，他放弃高克定的故事改写杨梦痴的故事，高家也变成了杨家。这一改实际上是把《激流》里关于高克定形象的原来意义全部中断了，杨梦痴形象则是另起炉灶，巴金对他寄予了很深的同情（这种同情是通过一个小孩寒儿来表达的）。巴金在同一时期创作的还有《火》第三部、《还魂草》以及《寒夜》，都表达了对家庭温馨感的留恋和向往。二是巴金塑造英雄形象的热情逐渐向塑造平凡的小人物转化。"英雄"是巴金早期浪漫小说中代表作者理想的艺术形象，他们热情勇敢，富有反抗精神和牺牲精神，身上散发出理想的光彩，为青年所激动，所效法。《灭亡》中的杜大心是其中的代表人物。但小人物正好相反，他们平庸懦弱，身上毫无动人的灵光，但他们又是生活中大量存在的普通人、善良人，他们的性格比较复杂，也比较真实，其美好的成分主要表现在忍辱负重，顾全大局，多为别人着想，默默地消耗自己的生命。这种小人物的形象，在觉新身上已经有了初步的体现，到汪文宣就相当典型了。三是作家的创作情绪也发生了变化。巴金早期是个感情浓烈的作家，"控诉"是他叙事语言的主要基调；但到了抗战以后，巴金的叙事风格变了，用他自己的话说，"不像控诉，倒像呻吟"，"呻吟"就成了他的新的感情表达方式。在《寒夜》的后记里，他甚至说"被生活拖死的人断气时已经没有力量呼叫'黎明'了"。这一时期的创作里，他主要通过日常琐事的描绘叙述，表现人与人之间渴望理解、渴望相爱的寂寞感情。

巴金艺术风格的变化，标志着巴金小说艺术的真正成熟。他追求艺术上的自然和圆熟，追求艺术与生活的浑然一体；人道主义思想和精神不再是通过激情来张扬，而是融汇到日常生活中给以本色的表现。巴金后来提出"艺术的最高境界是无技巧"，正是在这样一种创作实践中总结出来的。

孙：巴金小说中的人物形象在今天常常引起不同的理解，比如觉新这个人物，许多读者认为像他那样忍辱负重、牺牲自己、尊敬长者、照顾弟弟，在今天社会中太少了，应该提倡；再如曾树生，她追求生活享受的要求并不高，离开贫穷懦弱的丈夫也是情有可原的。你对这些看法有什么想法？怎样引导不同时代的读者去正确理解过去时代的文学名著？

陈：这个问题我觉得较难回答，因为阅读文学作品本身就是一项审美感情再创造的活动，每个读者都是带着自己的知识背景和文化修养来理解作品的。就像外国人说的，有一千个读者就有一千个哈姆莱特。一部优秀的文学作品总是拥有丰富复杂的含义，经得起不同时代的再创造，如果文学作品仅仅为了回答现实的问题，那么时代变化了，作品也就跟着淘汰了。所以优秀的文学创作总是不满足于一时一地的意义，而企图沟通人性的大问题。觉新这个形象的复杂意义我刚才已经分析了，巴金在刚刚动笔写《家》的时候，传来了他大哥在成都破产自杀的消息。他是怀了对大哥的深厚爱心来塑造这个形象的，所以写得有血有肉，生动饱满，把这个人物性格中的长处发挥得淋漓尽致。这些性格中的长处在今天看来,仍然能感动人,影响人,这是很正常的。但巴金对觉新性格中的缺点的挖掘和批判也是相当深刻的,而且是主要的,现在虽然环境变了,但封建专制在思想文化上的阴影并没有完全消失,这一点凡经过"文革"的人都记忆犹新,如此看来,能说觉新性格的负面性已经过时了吗?至于曾树生的形象也是这样。现在研究界也在争论,有的认为她是受"资产阶级腐蚀的女性",有的则认为她是一个新女性。我根据巴金本人的创作动机看,曾树生并不是一个被批判对象。她热情健康,追求刺激,这都是巴金笔下女主人公一贯的特点,都是作为被赞美的对象来描写的。她离开的不仅仅是懦弱的害肺病的丈夫,还有一个爱情没有得到更新而变得越来越沉闷的家庭,所以巴金认为曾树生的出走实际上是提供了一种希望的可能性。我觉得小说里汪文宣的形象是值得注意的,这是个善良的人物,他爱曾树生,希望她幸福,所以当他发现曾树生离开他不失为一种新生的希望时,他没有把妻子当作私人占有物,宁可自己痛苦还是接受了事实。这就是小人物的伟大爱心,在汪文宣的性格里,保存着巴金所敬仰的车尔尼雪夫斯基的"新人"理想。

孙: 最后还有一个问题是,巴金的《随想录》为什么在社会上能引起这么强烈的反响?

陈: 我想社会上不同阶层对《随想录》的理解是不一样的,为《随想录》而激动的主要是一部分知识分子。我前面分析的巴金创作的特点也适合对《随想录》的分析。巴金是带着独立信仰和理想追求的知识分子背景走到社会主义社会的。他也曾经真心实意地拥护过知识分子的思想改造,后来在越演越烈的政治运动中不得不屈服于极"左"路线，违心地写表态文章，但在"文革"中仍然遭到了残酷的迫害，连妻子萧珊也含冤去世。"文革"以后他反思了自己走过的弯路，承认为了保全自己，曾经有过放弃理想、放弃真诚的时候。也许在一般人看来，当时的时代风气就是这样，不是哪个个人所能左右的，但在巴金看来，一个知识分子连真诚的权力也放弃了，那还有什么价值可言？

所以他提倡说真话，提倡独立思考，提倡真诚地忏悔以往的历史教训。这些思想和建议，对于"文革"以后的思想解放运动有着巨大的现实意义。巴金在《随想录》里说的话，也是许多知识分子在惨痛的历史教训中深切体会到的感受，但由巴金这样德高望重的老人说出，就能成为一种时代的声音。许多人称巴金为时代的良心，正是从这个意义上来理解的。

初刊《上海教育学院学报》1994年第1期，原题为《巴金研究访谈录——答〈上海教育学院学报〉记者问》

给知识以生命
——答黄发有[①]

黄发有（以下简称黄）：在现在的人文学科里，"知识分子精神"一直是一个焦点话题。我想，任何一种精神只有渗透到踏踏实实的工作中，才能获得真正的生命力。因此我们今天就从最日常的生活谈起。我想先请您谈一谈自己如何走上治学道路的。

陈思和（以下简称陈）：这个问题很具体。我还在十五六岁的时候，因为"文革"的原因，学校里就不上课了。但是我非常爱读书，我一课一课地自学从初中到高中的语文课本。我觉得不能不读书啊！1970年中学毕业后，有相当一段时间是当"社会闲散人员"，那时叫做待业青年。直到1974年秋才在街道图书馆找到工作。那段时间我一直在社会上闲荡，既没有工作，年龄又一年年长大，处于很低的社会地位，感觉完全是一个"多余人"。这是当时一种普遍的苦闷，但对我来说苦

[①] 黄发有，时为山东大学中文系副教授，现为山东大学中文系教授。

闷情绪还不算大,因为我当时年纪不大,十八九岁左右,想成家立业的事还太早。当然不是说我没有苦闷,我摆脱这种苦闷的方式就是做我自己喜欢做的事。我经常去卢湾区图书馆找书读,家里人也知道我白天经常在图书馆里。我就通过这种方式来消磨时间。但作为一个精力旺盛的青年被完全排除在社会以外,虽然没有任何约束,但本质上仍然是苦闷的。当时很多人去学拉提琴、学木工活等等各种各样的技术手艺,我则除了读书之外,其他一点兴趣都没有。木工活也学过,有人介绍我专门去学做木模工,如果学成的话,我现在可以做很好的木匠。但是我没有兴趣,我把时间都放在读书上。那时我主要是读古代文学作品和历史方面的书,也读鲁迅等现代文学,渐渐就养成了思考和对学问的兴趣。

黄: 听说这么多年来,您的生活节奏一直非常紧张,休息时间特别少,您是怎样安排自己的工作和休息时间的?

陈: 我的作息时间是在"文革"当中形成的,对你们是不足取的。现在回想起来,当时虽然年纪轻,但是心理压力很大——年龄越来越大,有虚度年华之痛。那时没有夜生活,一般晚上十点就去睡了,但是我起床特别早,一般早上二三点就起床。似乎有点强迫自己,因为没有工作,觉得应该好好读书求知,来证明自己的年龄没有虚度。我把每天的学习时间安排得紧紧的,后来也就养成了习惯。1978年初我考上大学时,在寝室里也是起得最早,同寝室的人开玩笑说怎么来了个退休老伯伯?我的生活方式对身体是有点摧残。今年我四十七岁,身上有很多病症都像老年人,所以不值得仿效。

黄: 您虽然是走自学成才的道路,但是1977年恢复高考毕竟给您的命运带来根本性的转折，您能否谈谈您在治学道路上的大致经历和您的学术师承？

陈：是的，我在学术上的起步是在进大学以后。我非常感激 1977 年恢复高考制度，这是我一生中最大的转折，它使我从江湖漂流到学院。那是百废待兴的年代，大家的求知欲望极为强烈。我虽然来自一个地区的图书馆，自以为还是读过几本书，但一进入复旦就发现茫茫学问无从入手。我原来喜欢历史，而且 1970 年代的政治形势使我有机会读到不少古典文学作品，不过现代文学在"文革"时期大都属于禁书，在我的知识结构上是空白。那时我们班上的同学很多热衷于文艺创作，埋头学问的人不多，我也不是对学术特别感兴趣，只是想利用图书馆多补充自己的知识欠缺。于是我与同学李辉就一起读现代文学方面的书籍。我先读了王瑶先生著的《中国新文学史稿》，这部书现在看来观点很陈旧了，但它写得早，作者治学态度也非常严谨，书中介绍了大量的作家和文学作品。不管他介绍的观点如何，至少打开了我们的眼界，知道原来现代文学史上不止鲁迅、茅盾几个作家，还有那么多陌生的名字。我们按照王瑶先生在书中介绍的作家作品名单，一本本找书来读，也读了好几套作家的文集，渐渐地发现，我们俩对巴金的著作和思想都有特殊的兴趣。

现在想来，我自己对巴金的兴趣来自他早期信仰的无政府主义。我原先对无政府主义可以说一无所知，只是在"文革"时期读国际共运史时，知道一点巴枯宁、蒲鲁东的思想，因为他们被认为是马克思主义的敌人而被简单地加以否定。"文革"中无政府主义一词很臭，与打砸抢和武斗等流氓行为连在一起。为什么巴金信仰了这么一个臭名昭著的主义，居然会写出这么多鼓舞人心的著作，而且走在时代的前列？那时巴金刚刚开始写作《随想录》，许多深刻的思想很吸引我。所以我们在阅读巴金著作的同时又读了许多无政府主义方面的理论书籍，包括俄罗斯民粹派的历史与学说，渐渐开阔了眼界。

我特别感激的是，那时我们遇到了贾植芳先生，他的"胡风分子"的身份还没有平反，在系资料室里主编一部巴金研究的资料书，收集了许多巴金的佚文和国外研究巴金的著作，我们不但从他那儿获得了大量的研究资讯，更重要的是学习了如何做学问的方法和态度。当时我们在贾先生指导下翻译了多篇外国学者的研究论文，同时也学到了做学问的方法。我们第一部学术论著《巴金论稿》是在大学读书时完成的，也可以说是在贾先生的具体指导下完成的。这本书主要研究巴金的早期思想，尤其是关于无政府主义、恐怖主义、民主主义、人道主义等，涉及到西方思想史方面的内容。大学毕业后三年，我们又经过了几次大的修改，终于在1986年由人民文学出版社出版。书稿也是由贾先生推荐给牛汉先生，又经过林乐齐、夏锦乾两位先生的具体努力，才得以顺利出版。

从我个人的学术道路而言，在大学读书时期，我经历了从一个作家转向整个文学史方面的兴趣转变。当时我很喜欢读李泽厚的书，他的《中国近代思想史论》《美的历程》和关于康德研究的书，我都反复阅读。受他对历史作宏观研究的影响，我当时打算写一部研究文学史分期的学术论文，从宏观的角度来探寻20世纪（那时只有近八十年）的文学发展规律和经验教训。1980年代初期学术上的主流是拨乱反正，而我关心的还是当代文学的发展环境。但那时当代文学方面禁忌很多，动辄得咎，我把"五四"以来的现代文学引进来作背景，从文学史知识上来解释当前的文学动向，使一些比较尖锐的问题转化为学术层面的探讨，反而更容易被人接受。我发表的《中国文学发展中的现代主义》《中国新文学发展中的现实主义》《中国新文学发展中的现实战斗精神》等影响较大的系列论文，都是针对了当时文学创作领域的现象，但又与整体的20世纪文学研究有关。1985年正处于推广文艺学新方法的热潮，我从方法论的角度来概括自己的文学史研究成果，称之为"中国新文学整体观"，后来以此为名写成了我的第一本个人学术专著。

我不能不提到，我关于整体观的研究也与贾先生的具体教诲分不开。当时我担任了贾先生的工作助手，协助他主编一套关于"外来思潮、流派、理论在现代文学史上的影响"的大型资料书。这套书编成后一直没有出版，但是我得益于它的收集资料和编写"外来影响大事记"，由此掌握了大量的第一手的关于外来影响的资料。《中国新文学整体观》其实也是一部比较文学方面的关于中外文学关系的书，所以在当时能给人提供一种较新的角度和思路。

本来沿着这样的学术道路，我想进入20世纪文学史的写作，1989年的"重写文学史"也是沿着这样的思路来的。但到了1990年代我的学术思路有了很大的改变，不再想做那些过于宏观的研究，希望转向具体的问题研究。我发现文学史上有许多具体问题还没有得到理论上的疏通，还有许多盲点，需要一个一个去解决。我记得我读书时，朱东润教授说过一段话，他说文学史有两种编写的方法：一种是前面放了六本别人写的文学史，那么你的第七本也就编出来了；还有一种就是一个一个的具体问题都去研究，写出你自己的心得，这样编文学史很不容易。我一直记着朱先生的这句话，想试试做第二种文学史家。这当然很难。我近十二年来，平均每年都有自己的论文随笔集出版，共出版了九种，都用十二生肖来命名，正好轮了十二年。这九本书加上新近出版的《中国当代文学史教程》，集中体现了我对文学史研究中的一些体会。但我的文学史研究还远远没有完成，时间却一晃二十年过去了。

黄：在近二十年学术研究的道路上，您遇到的最大困惑，内心中最矛盾的东西是什么？我想这个问题对开始进入做学问状态的人来说，会有一定的启示。

陈：1980年代时我的治学感觉还好。我学习中国现代文学史，觉得一部文学史已经指示了今天中国知识分子的传统和道路。而且，当时思想解放运动和破除现代迷信的社会主潮，我是倾心支持和积极投入的，似乎前途很光明；但是在1990年代以后，尤其是我和王晓明教授一起主持"重写文学史"的工作遭遇到非学术压力以后，才觉得历史上的许多经验一下子变得具体了，由此认识到学术研究和科学讨论不可能脱离现实的环境。这以后，我才认真思考了人生道路的选择和今后如何走自己的道路，以及如何完成我们这一代知识分子对社会的使命感和自己能够起的作用。这以后，困惑越来越厉害，几乎每一步都是一种探索。从另一方面来说，"文革"刚结束的时候，我们的知识还不够，但是自信心却比较强，读书读到后来，内心的困惑越来越多，所谓"吾生也有涯，而知也无涯"。学习真是无穷无尽的，知识越深入，越广泛，越意识到自己的无能为力，意识到自己没有能力完成很大的理想。

黄：我注意到在您二十年的治学中，特别是近十年，提出了"岗位意识""民间道路"等等在学术界有广泛影响的命题。我想这些命题与上述困惑和内心矛盾一定有深刻的联系。

陈：是的。我在1990年代所有的理论探索，包括知识分子的三种价值、岗位意识、民间道路等问题，实际上都是我自己对人生道路的思考和选择，是对我自己如何完成生命过程的解答。我该如何应对这个环境？如何应对这个社会？我提出这些问题，都是带有实践性和探索性的，因为我不知道这些道路能不能继续走下去，只是觉得我应该这样做。

黄：关于"岗位意识"，我想，您着重强调的是知识分子要在某一专业上发挥自己的能力，实现自己的理想，但有些年轻人觉得这种说法好像是一种妥协，觉得从广场到岗位是从批判现实退回到自己的专业。

陈：这涉及到对"岗位"的理解。岗位这个词是有多重含义的。岗位本来是个军事术语，这是日本学者木山英雄提醒我的，他说站岗才有岗位啊。"岗位"就是指周围都是敌人，你要阻挡敌人，就要站岗，这才叫"岗位"。我感觉到选择这个"岗位"的时候，实际上不知不觉地已经把"岗位"和它周围的环境对立了。这个对立是无意识的，但它的确是一种对立，这种对立就是说，其他地方守不住，但我一定要守住自己的阵地（又是军事术语），潜意识里有这种感觉。

"岗位意识"是很实在的。本来一个人的力量非常有限，只能站在自己的工作岗位上做自己能做的一点事情。但是如果我们每个人都能把自己做的事情做好的话，这个社会就能进步。每个岗位都是社会当中的岗位，而不是抽象产生出来的，而且任何一种岗位都有它的某种对立的意义。所以你坚守了岗位，实际上也就是改造了现实，改造了环境。当然，知识分子岗位从事的是精神劳动，他跟鞋匠做好一双鞋，炊事员做好一顿饭是两回事。他不光要做好自己的本职工作，还要超越出来，因为这种工作本身就是一种精神传播，重要的是他的工作本身会产生一种无形的影响。在教育岗位上，我尤其有这种感受。过去有个朋友告诉我，所谓"禅"就是传，它研究的就是如何传授精神。我对禅毫无研究，但我意识到，教育恰恰是一种"传"的工作，除了知识以外，还有许多非言语能道明的精神内容。比如我跟贾植芳先生的时间很长了，起先我是他的学生，后来我是他的助手。我明显感受到他那种强悍的、父性的人格对我的影响，这是一种整体的影响，包括后来我人生道路的选择，都与此有关。他教给我怎样做人，他并没有具体地教我该怎么做，但是从学习他待人处世、看历史、看现实的过程中，他整体的精神深深地影响了我。如果没有这种影响，古今中外的很多东西我可能不会接触，或者接触了也不会真正融会贯通。对这个我是很感激的！

黄：现在法国思想界一直在考虑这样一个问题：知识分子的科层化以及它对知识分子的批判精神所产生的伤害。从您的书中也可以了解到，您还是比较提倡专家型的知识分子，这也是跟岗位概念相关的。西方思想界对知识分子科层化倾向的批判是否跟您的想法有点儿对立？对此您有什么看法？

陈：我不了解你说的法国思想界的情况，不敢乱说。至于你说到的专家型的知识分子能否体现知识分子批判精神这个问题，我想是不矛盾的。知识分子的批判精神不是抽象的，它首先是体现在专业领域上的清理学术环境和探索创新。别以为这是轻而易举可以做到的。我们的人文学科长期遭遇政治权力的干扰与渗透，许多陈旧的学术思想还如同浮云蔽日，使真相不得彰明；特别是与现实生活关系密切的人文学科，占主流地位的观点，虽然是学术观点，有时也到了陈腐可笑的地步；而且，在所谓全球性的时代里，"土八股"外又加上了"洋八股"，把西方流行的理论学说，甚至仅仅是一些概念和名词，都当作宝贝到处贩卖。思想不是从生活实践中产生，问题不是从现实环境中发现，那种热热闹闹的所谓"学术"，正是我们要尽力批判的对象。如果一个学者或者所谓的知识分子，对自己的学术环境不作科学、批判的清理，却在那儿空谈批判精神，我以为，这样的批判精神也是十分空洞的。真正的批判精神只能体现在专业领域，像马克思，不正是在哲学、经济学和社会主义学说等专业领域的批判中发展出马克思主义的学术吗？如果离开了专业的批判精神，还有什么马克思主义？1990年代的人文知识分子喜欢高谈阔论，这自然是言论自由的权利，但有时漫无边际，什么领域都去乱发言，反而变成说话不负责任。

黄：我再问一个问题，就是刚才讲到"岗位"的时候，您说一个人要超越岗位，我想起汤因比曾有一个说法：他用"'在'而不'属于'"来描述一种精神的"中间物"，就是说，它在那个空间存在着，又跟那个空间是对立的；它只有在里面才能发挥作用，但它又不"属于"那个世界。

陈：我很赞成你引用的"'在'而不'属于'"的说法。对于体制而言，不是说超越"岗位"，而是要超越"职业"。这个"岗位"里包含了两层意思：一个是职业，一个是超越。一方面每个职业都有行规，要求按照行规做事；另一方面是要超越、克服这规章制度中不合理的部分。比如你做了教师之后，你如何教学？是完全按照教学大纲去人云亦云，还是冲破它，达到一个更高的理想？任何一种职业都有这种既在职业之中又不属于这种职业的特点。人文学科的知识分子，更集中体现出这样一种双重性。

黄：您提出了"民间"概念。我觉得把"民间"作为知识分子的立场已经引起人们的很多争议。我理解在您的表述里面，"民间"藏污纳垢，其历史沿革和相关领域都相当复杂，所以容易引起人们的误解。我觉得，知识分子与"民间"应该是"'在'而不'属于'"的紧张关系；作为知识分子，他存在于其中的"民间"并不是他与之相融的"民间"。

陈：这个问题比较复杂。所谓"民间"的说法，又包含着另外一层意思，与"岗位"不完全一样。我理解的"民间"有两个不同范畴的含义：第一个含义，我是在谈知识分子的价值取向和立场，这是"民间立场"，即民间的价值取向；还有一个含义更复杂一些。我谈的是在我们现实生活中，假定存在着一种普通人的生活方式。这个普通人的生活方式也不是指我们今天看到的你我他的生活，而是说我们假定一个普通人，他有自身的历史渊源和文化传统，形成特殊的生活方式和道德观念，比如说我们经常说到的民风民俗一类的东西。这样一类东西，我们在讲传统时容易讲。几千年以来，"民间"形成了一些比较固定的生活形态，随着这种生活形态的产生，它会相应形成与此有关的意识形态，比如文学、宗教、艺术、思想、仪式等等。但"民间"从来就不是抽象、孤立存在的。自从有了国家之后，就不可能有抽象的"民间"。"民间"是置于国家机器统治之下的，所以它也是被国家意识形态所侵犯、所占领的"民间"。我们现在讨论"民间"的时候，要意识到并没有一个纯之又纯的、非常完美的、非常干净的客观"民间"。所谓"民间"，一定是接纳了各种各样的权力对它的种种改变，就像一个泥塘，一块沼泽地，所有的动物都跑到上面去拉屎、践踏、胡闹，在上面走来走去，树林、植物也会腐烂，但它又有强大的生命力，能够将一切腐烂和污秽的东西消融，并转化为生命体。我称这种生存状态为"藏污纳垢"。这种生存状态非常复杂，我们没有办法用超现实的方法把它描述得很清楚。但是在艺术文化上，艺术家首先是感受，其次是吸取了这样一种来自"藏污纳垢"的生命信息，或者说一种来自民间的材料。这种为知识分子吸收过去的、在艺术中反映出来的东西，就表现为被知识分子描摹下来的、属于"民间"的艺术。我在《中国当代文学史教程》中特别强调这样一种东西。在封建专制体制下，文化艺术可能是国家意识形态控制文化的一种项目，但"民间"却能够通过隐形的方式存在于其间，而且制约、支配着艺术的真正生命。比如说一种民间艺术，例如扭秧歌，它后来成为一种革命文化的标志，但是当一群男人和一群女人扭得发疯的时候，扭秧歌焕发出一种来自民间的狂放无度的生命力，一种自由自在的酒神精神，这种精神通过这样一种民间艺术形式保存下来。如果你去分析的话，发现它还有很多革命的、社会的、政治的内容，但是它本身包括了一种追求自由的精神。如果文人不去描写它，塑造它，体现它，它就与我们无关。我说的是在文学史上的"民间",就是指知识分子理解的(或无意识理解的)一种民间的艺术,这是艺术魅力的源泉。我用这个理论来解释从20世纪五六十年代到"文革"那段时间的艺术来源。至于前一个"民间"含义,是指知识分子的民间立场,它是知识分子拒绝庙堂的一种价值取向。有些人一听到"民间"就望文生义,认为这是与官方相对立。我并不这样认为。在传统社会里,民间与官方就是一回事。到了现代社会里,知识分子从庙堂和民间之间的裂缝中挣扎出来,就使二元的概念变成三元或多元的概念。知识分子要区分在庙堂范畴里实现自己的价值(如做官吏、做幕僚等),还是在民间范畴里实现自己的价值(如做学者、专业技术人才等)。在这个意义上来考虑民间立场,跟我刚才说的那个"藏污纳垢"是两回事,它是一种关于知识分子如何在具体社会工作岗位上实现自己价值的思考,与我说的"岗位意识"有点相似。

黄: 您编文学史的时候运用了"民间文化形态",如您所说,这个"民间"包括民风民俗,是属于审美的概念;提到"民间立场"时,则又强调其价值立场的属性。审美与价值立场之间有没有同构性?是不是有既互相对立、又互相交叉的地方?后来引起争议的,是否就是这个交叉的地方?您有没有考虑把这两者进行一个比较科学的界定?

陈: 任何一种有生长性的话题,都不太可能谈得非常清楚。如果说得很清楚,就没有什么生命力了。有意义的理论体系里总是充满歧义,充满内在的对立性。我可以通过我主观的阐释,把我心目当中的这两个"民间"含义讲出来,但这只是我自己的理解。跟这个客观的"此在",或者每个人心中引起的反响是不一样的。我说的没有权威性，因为"民间"这个词不是我发明的，我只是对它有一种特殊的解释而已。别人也可以通过定义，做出他自己对"民间"的理解。

黄：您是不是认为保留"民间"内部的歧义能够使这个概念有一种原生性、丰富性？

陈：我本身就充满了矛盾——在两个理论、不同领域使用同一个概念。我觉得"民间"概念不可能讲得非常明晰。19世纪的民粹派主张"到民间去"时，他们很清楚这个概念。我这个"民间"不同，它是对当代知识分子生存处境的解释以及我作为知识分子对自身道路的选择，与真正的"到民间去"运动是两回事。

黄：价值理想与价值乌托邦之间有什么关系？比如民粹派要把理想引入到实践领域，实现价值乌托邦。我觉得现在学术界的知识分子在讨论这个问题时也把它理解得很实在，但在您看来，似乎并不想让这种精神状态转变为一个可操作的、建立乌托邦世界的指南。

陈：我只是解释我自己对人生道路的理解。这种理解并不存在"对"或"不对"的问题。因为它不属于检验真理的范畴，我只是做了一种尝试性的理解。我为什么要这样做？1993年知识分子"人文精神大讨论"，我当时对人文精神的理解也很模糊，只是认为知识分子既然要站在自己的岗位上，首先就要认清"岗位"是什么？知识分子究竟能做多少事情？比如我对出版的实践。在出版界一片混乱的情况下，我创建"火凤凰"品牌读物，就是想实践一下知识分子的人文精神能不能渗透到出版界。出版和教育是保证知识分子学术思想畅通的两个非常重要的岗位。我觉得"火凤凰"的实践是成功的。

黄：既然讲到您的"火凤凰"系列，我想引出一个问题。因为"火凤凰"策划得很成功，当时推荐了一批上海高校里的年轻学人，对创造上海地区良好的学术空间做出了有意义的尝试。那么，您怎么看待知识分子跟媒体的关系？

陈：媒体对中国知识分子来说，不是一个新的问题。实际上从"五四"新文学开始，就出现了现代媒体，但是中国知识分子一直忽略这个。媒体从一开始就跟商业利润挂在一起，它天生就是跟大众趣味连在一起的，但是中国知识分子是从士大夫阶层游离出来的，作为一种上层建构，它面对的是庙堂权力，而不是民间。在当时，民间被看作是一个被启蒙、被教育、被唤醒的对象，所以知识分子必然要以小范围的、精英的方式从事他们的活动。

反过来，旧文学势力本来也是庙堂型的，但在新文学的精英话语打击下，很快退出了主流文化的领域，走向了新兴的现代都市的大众文化。当时通俗文学占领的是电视电影、戏曲、连环画、通俗杂志、报纸副刊、连载小说……20世纪二三十年代，中国最初的媒介文化代表几乎都是这样一批知识分子，他们的影响要比新文学作家大得多。民众当中知道张恨水的人，肯定要比知道郭沫若的人多得多。你看张爱玲，她在40年代为什么那么成功？就是沾了媒体和通俗杂志的光。她不但在《紫罗兰》等杂志上发表作品，而且还把小说改编成了话剧、电影；更有趣的是，她还做时装。她几乎是整套地走现代传媒的道路，通过媒体的宣传包装，她很快就红得发紫。所以，现代传媒在新文学的历史上就存在，只是知识分子过于重视与庙堂的关系，不愿面对这个问题。

到了现代社会，传媒的力量越来越大了。精英知识分子不得不面向市场，不能不跟市场发生关系，也就不得不要考虑跟传媒的关系。中国的传媒并不发达，远远没有达到体制化的程度。但传媒自身的运作，又必须依靠传媒自身的规律，许多有关传媒的观念和建制都还在形成过程中。在这个过程中，中国的知识分子有很多事情可以做，人文精神是需要在实践中逐步形成并扩大影响的。如果真的像发达国家的传媒那样已经充分体制化了，那么知识分子能发挥的力量就非常小了。今天的中国，只要认真做，传媒是有前途的知识分子岗位，知识分子可以借自己的力量使它做得更好一些。至于如何利用传媒则是另一回事，知识分子在利用传媒的同时，还要思考：是不是被传媒同化了？这也是个很重要的问题。

黄：您在《中国当代文学史教程》中还提出了"潜在写作"的概念，连同"民间""岗位"等几个概念在内，我觉得其真正的意义在于潜隐地承续着"五四"文化传统的精神实质。我问一下，您提出这个概念是出于一种什么样的动机？

陈：我对知识分子的身份认同是自觉的。我一直在考虑：作为知识分子，我应该怎么做？这个想法对有些年轻人来说，可能是很可笑的。但对我来说，既然在这个岗位上，有这样的想法是很自然的，它带给我一种乐趣。1990年代我做的所有工作都是想实践一下，在中国这样一个特殊的现实环境下，知识分子应该怎么办？如何尽最大可能来发挥自己的作用？这个问题简单说来，这是一个专业的问题，是关于文学史的问题。在我整合文学史的过程中，期望能看到"五四"这样一种精神传统的出现。在谈"启蒙的文学"和"文学的启蒙"时，我认为"五四"应该同时并存着两种精神。我认为，传统是精神性的东西，它不一定完全通过正当的方式表现出来，它就在我们的心中。它是潜在的，但它点点滴滴地影响我们的工作。因此精神传统不是抽象的，它往往体现在日常生活和治学活动当中，比如人与人之间的传授。我可以举一个例子，比如陈寅恪先生，他有许多学生，后来他在广州中山大学时很寂寞，似乎也没有什么学生去看他，复旦大学的蒋天枢先生曾去看望他，被陈先生称为"独来南海吊残秋"，并且将身后著作出版的重任托付给他。后来又经过很多社会变动，陈先生在"文革"惊吓中惨死。"文革"结束后，陈先生的家属就把他所有的文稿交给了蒋先生。蒋先生属于"述而不作"的那类学人，但他晚年几乎全力以赴地整理出版陈先生的著作，最后编了一本陈先生的学术年谱。蒋先生编这本年谱用意很深，保存了许多散失的资料，也有为贤者讳的地方。做完这件事后，蒋先生所有的事都做完了。上海古籍出版社给他几千元作编辑费，他不要，他说：我这是为老师做的。我想他心里一定是想：我为我老师做事情，这是我自愿的，我拿了稿费，就变成了一种工作，一种职业。这是件很小的事情，但我从中看到了一种精神。这种精神和钱无关，他也不要别人知道，只是觉得：我做这件事是应该的。我觉得这里就有一种师承的人文精神在里面。

黄： 最后问一个问题：您前面所说的内容，都贯串着对人文教育体制的思考。您和王晓明先生提出的"重写文学史"的理论主张和写作实践，也都是建立在对现代高校的文学教育模式深刻反思的基础上。在我个人看来，人格熏陶和思维训练是现代教育的关键所在，因为单纯的知识是没有生命的，只有成功的教育和生命的投入才能使知识"活着"。知识分子应当是给知识以生命的人。您讲到您和贾植芳先生的关系以及蒋天枢先生和陈寅恪先生的关系，应该说，都表明人格影响大于知识的传承，而正是这种薪尽火传的精神接力，使知识获得了生生不息的力量。那么，您个人在长期的教育实践中最深切的体会是什么？

陈：我个人对教育实践的深切体会就是，要把培养专业研究人才放在首要的位置上。现在研究生的出路比较广，各行各业都需要有学位的青年，这是无可非议的。但作为一个好的教师心中要有数，哪几个是读书种子，将来在专业上有发展前途，应该重点培养，要花特别多的心血。这不但是学业上的知识传授，更重要的是人格与操守方面的教育。我也许是非常热爱自己的教师职业的缘故吧，我总希望教育与学术两个领域应该有纯粹和高尚之气，尽量少被社会上的功利主义和市侩哲学所玷污。我也明知道这是做不到的，但努力为之吧！我一向羡慕本专业的著名导师，像王瑶先生、钱谷融先生、贾植芳先生那样，晚年能够有一大批名声显赫的后起专家出其门下，我想这是对一个教育工作者最高级别的成绩考评，是没有任何荣誉可以比拟的。

访谈时间：2000 年 8 月 19 日
访谈地点：上海华东大酒店

初刊《学术月刊》2000 年第 11 期，原题为《给知识以生命——陈思和访谈录》

一代有一代的文学史,力量在未来
——答柯弄璋[①]

柯弄璋（以下简称柯）：陈老师，您是我们青年人仰慕的学者，这次采访，主要是提出我们学习和思考中碰到的问题，希望能得到您的指点。首先，我对您的文学史研究中"边缘/中心"的思维方式非常感兴趣。"重写文学史"对于摆脱在过去已经成为主流的文学史写作非常重要，然而，您是怎样用"边缘"来重新书写文学史的？

陈思和（以下简称陈）：你是从哪里感觉到我是从"边缘"来"重写文学史"的？

柯：这可能是我个人的一种判断吧！一方面，"重写文学史"就是从新的角度来重新思考、定义已经成为主流、中心的文学史；另一方面，可能比较明显的就是您有三组概念，"先锋与常态""青年与中年""无名与共名"，它们都具有"边缘"与"中心"的意味。

[①] 柯弄璋，时为华中科技大学文学院博士，现为重庆师范大学中文系教师。

陈：你是学文艺学的，思考问题比较理论化。你这样说也有你的道理，但我觉得"先锋与常态""青年与中年"没有"边缘"的概念，至少在我思考的自觉里，没有"边缘"的因素，因为这两组矛盾主要指的是现状。比如说"先锋与常态"，以通俗文学为例，我们以前一直是排斥它的，认为五四新文学是主流；但后来遇到了挑战，王德威指出"没有晚清，何来五四"，并论述了"被压抑的现代性"的理论。海外汉学家都认为，现代性在中国晚清就非常发达，连通俗文学的创作也有现代性，可是到"五四"以后却被压抑，因为"五四"主张现实主义，主张革命文学，把文学以前在发展的现代性因素压抑住了。这个理论是有道理的，因为从古到今，文学都是常态的，当生活发展到一定程度，文学就会反映这种发展变化。先有电视机，才慢慢地有电视剧。科学发展到什么程度，文学形式也会发生变化。但我觉得只有从"五四"开始，中国才出现了另外一种新型的文学。这种文学不是从生活常态来的，而是从外面移植过来的，并且突然跑到生活前面去了，变成一种非常激进的、企图通过文学对生活的批判来推动生活改变的文学。我将之定义为"先锋文学"。我这样来提"先锋与常态"，其实只是为了解释当时文坛的两种现象，不一定"先锋"就是主流，也不一定"常态"就是边缘。

"无名与共名"也是针对文坛现象而提出的。1980年代的文学，主题非常清楚，主旋律是"改革开放"，所有的文学都写"改革开放"。可是到了1990年代，文学突然变得没有主题了，似乎什么都可以写，卫慧、棉棉可以写《上海宝贝》《糖》那样的身体经验，韩东、朱文可以写自我的知识分子故事，张炜等人可以写"葡萄园"等民间故事。虽然当时国家也在提倡主旋律，但其实每一个作家都可以去写自己的东西，已经跟这个社会"共名"没有关系了。当时很多批评家认为这是一种不好的现象，指出文学被边缘化了，或者说文学好像没有时代精神了。但我认为这是好事，因为以前所谓的"共名"会把许多非主流的因素遮蔽了，于是我就设计了一个"无名与共名"的理论范畴。"共名"就是只有一个主题，你必须写它，这是时代所规定的；"无名"则没有限制主题，你可以自由地写，各个领域都可以写。这是不同时代的转换。在抗战时期，作家非得"共名"不可，不写抗战主题就没人理睬或者遭受批判；1950年代到1970年代则一定要写革命、写社会主义主旋律。但是1990年代以后便不是这样，文学没有那么多外在要求。这是好事。可是我们很多批评家就认为这是不好的事，认为文学得不到社会关注了。其实没有关注也是好事，因为文学可以自由发展；文学、文化若能够自由发展了，国家当然会进步，创作也会繁荣。所以，我觉得这是一个辩证的关系。我研究问题的思维一般不是单向性的，研究一个概念、一个范畴的时候，一定会注意到另外一个范畴以及这两个范畴之间的关系，包括讲"青年与中年"也是这样。在我的思考中总会有两个或者三个概念同时出现，比如"庙堂、广场、民间"，我就用了三个概念。因为两个概念也有问题，有时会变成二元对立，形成不是这样就是那样的绝对化思维；如果出现三个概念的话，就有可能会弥补。对日常生活、文化现象的分析越深入，可能大脑中出现的相互矛盾、对立冲突就会越多。

我没有有意识地去关注边缘，但是在文学史研究中，我是比较关注边缘的,因为我觉得文学史的主流往往会遮蔽一些不该遮蔽的东西,最典型的就是我指出的当代文学史中的"潜在写作"。"潜在写作"完全是被否定、遮蔽的东西。我当时怎么会注意到"潜在写作"呢?作为"胡风分子"的绿原、曾卓、牛汉等人,当时有一批很好的诗,比如《悬崖上的树》《华南虎》等,我考虑是否把它们放到"文革"以后的"新时期"文学里,但又总觉得不对,因为他们是在以前受难的时代创作的,诗的味道既跟以前的时代主流不一样,也跟 1980 年代流行的北岛、舒婷等"朦胧诗"不同;把他们这群老人的作品混在 1980 年代,我觉得不怎么和谐。我觉得应该把他们的作品放到以前,即当时创作的年代;可一旦放到以前,问题就来了:那个时代,这些诗歌没有发表;不仅没有发表,而且连民间也很少流传。然后我就联想到"文革"中所谓的"白洋淀文学"。那些文学其实也是"地下文学",也没有发表,但是我们是把它放到"文革"后期去写的。后来我就慢慢地把这种现象上升到一种理论状态去讨论,形成了"潜在写作"的概念。所以,我们研究文学,一定要发现问题。这个问题在你心里通不过,你觉得它总是有问题,你就会产生去讨论它的意识。这里我倒是有点注重"边缘"的,但这主要体现在我的当代文学史研究中。

柯: 从 1988 年以来,您和王晓明教授就提出了"重写文学史"。王晓明教授主编了《二十世纪中国文学史论》,程光炜教授对当代文学史也提出一些不同的看法。您认为现在"重写"中国 20 世纪文学史的条件成熟了吗?

陈: 在前天的"喻家山文学论坛"上我讲到过,当代文学其实是说变就变的，它本身就处在一个不稳定状态，而现代文学某种程度上比较稳定。但随着我们学术的发展和视野的不断开阔，现代文学其实也变得不稳定，就像昨天与研究生同学们讨论时谈到的通俗文学那样。以前通俗文学根本进入不了文学史，完全是被看不起的，可现在苏州大学范伯群教授就把通俗文学研究做得有声有色，做成一门学问了。包括当时有同学还提到旧体诗。旧体诗原来也根本不会进入文学史，尽管鲁迅、郁达夫都写过，但我们不会讨论他们的旧体诗；而现在旧体诗的写作者和研究者越来越多，比如钱锺书、陈寅恪等，他们也写了大量的旧体诗，如果在文学史上讨论陈寅恪的话，就一定要讨论旧体诗。旧体诗跟我们的社会主义创作，比如《红岩》《红旗谱》、郭小川的诗歌，究竟构成一种什么关系？这些问题我们没有好好地去梳理。由于我们今天没有解决这些理论问题，所以不能把它写进文学史；如果某一天解决了这些理论问题，旧体诗也是可以进入文学史的。也就是说，生活一直在变化，我们的当代文化也一直处在变化当中，所以在某种意义上说，文学史是不稳定的，它只能代表某一个阶段对文学的一种概述。而且，因为文学史大部分是教材，主要是跟学生讲课用的，如果它跟生活节奏脱节了，跟现实生活完全脱节了，我就觉得没意义。

我们现在就面临这样的问题，有些同学们喜欢的作品没有进入文学史教材，反而是大家不想读的作品进入了文学史。老师跟学生讲"经典"，可学生可能对这些"经典"一点兴趣也没有。这个问题就说明，要改的不是我们学生，而是文学史教材，是文学史教材脱离社会实际状况。所以"重写文学史"当时也就是这么提出来的。以前文学史讲现代文学经典时，总是讲"鲁郭茅巴老曹"，里面没有沈从文、张爱玲，但到现在，找任何一个学生问，沈从文、张爱玲读得多？还是"鲁郭茅巴老曹"读得多？答案肯定是沈从文、张爱玲读得多。那么，这个问题就需要在文学史上表现出来；如果不表现，这个文学史是脱离现实的，就不对。所以，我觉得"重写文学史"不是一个阶段性的工作；只要有我们这个学科存在，一定会有每一代的文学史，代表每一个阶段、每一个时代对文学的不同认识。我们新文学的上限是界定的，定到"五四"可以，定到晚清也可以，变不了的，可是下限是一直在变的。我在1988年提出"重写文学史"的时候，还根本没想到后来的2000年会是什么样，还没想到莫言会得诺贝尔文学奖，这些问题都是不可预测的。再往下过一段时间，连韩寒他们都四十岁了，但如果我们的文学史永远停留在原来阶段止步不前，那我们的文学就"死亡"了。

柯：在前天的"喻家山文学论坛"上，有人指出，王安忆的小说《天香》在向传统、古典靠拢。作家的这种回归传统是由于自身年龄增长，积累变得丰富，思想各方面都更加成熟而促成吗？作为成熟的作家，王安忆、韩少功都曾说，自己没看过或者说不了解韩寒、郭敬明的小说。为什么在当代，像韩、郭这样的年轻作家进入不了老作家的视野？记得您在一篇论文中谈到过文学的"青年期"与"中年期"问题，您认为中年期文学相对更加理性和有社会责任感。在您看来，韩、郭这样的年轻作家是否在这方面有欠缺，或者说，他们到底缺少什么而使得他们无法进入成熟作家的视野？

陈：近二十年来的中国文学发展中，我认为最好的一批作家在慢慢走向成熟。我说的"成熟"是什么意思呢？这跟我前面谈到的"青春情怀"与"中年危机"有关。以前五四新文学基本上是一种青年文学，这不是指作家永远年轻，作家也会老，可是我们在文学史上对他们的肯定、赞美都集中在其青春时期。比如巴金，如果不写《随想录》，他后来的作品人们是不关心的；其实巴金 1940 年代写的《寒夜》《憩园》都很好，但文学史上一定是推荐他的《家》《春》《秋》这些早期的小说。其他作家也大致这样，茅盾早期写了《蚀》《虹》《子夜》，后来写的东西大家都不注意看了。曹禺也是这样。唯一一个后期还受肯定的是老舍。老舍是了不起的，到晚年他还写了《茶馆》，并且得到了肯定。导致这种现象有很多原因，一个是我们的时代处在快速变化当中，每一个时代的变化都是新的取代旧的，代表旧时代的文学就在主流话语中被淘汰了。"五四"时期成名的作家如鲁迅、郭沫若、郁达夫，到了 1920 年代末，"革命文学"兴起之时，就被有些人认为他们已经过气了——当时有一篇文章叫《死去了的阿 Q 时代》，就是讲鲁迅已经被淘汰了。当时出现了一批新作家，包括巴金、沈从文、老舍等等，还有一些左翼作家。但是到了 1940 年代，整个时代又变化了。虽然在此时期，萧红写了《呼兰河传》，茅盾写了《腐蚀》，老舍写了《四世同堂》，可是文学史关注的，永远是他们在 1930 年代的作品。为什么他们的这些作品在 1940 年代不被重视呢？因为 1940 年代有 1940 年代的范式，所有的人都在浴血奋战，《呼兰河传》写的却是那么恬静的、怀念家乡的东西，跟这个时代的"共名"相隔太远了，所以当时出版后就被人批评。它成熟了，可是被淘汰了，因为这个时代的主流不关心它。那时候激动人心的可能就是路翎的《财主底儿女们》。到了1950年代，社会主义文学出来，又把前面的都淘汰了。1955年"胡风分子"被打倒，路翎、绿原、曾卓、牛汉被牵连，于是又出来一批新的作家，比如王蒙。每一个时代都是这样，一直变到"文革"。"文革"以后就是新时期文学，到了1986年，诗歌界已经有人在叫"PASS北岛"，即北岛已经过时了。每一个时代都有这样一个现象，文学像搞运动一样，这样促使年轻人能够冒出来，每一个成名作家都是二十岁左右，包括张爱玲、萧红，也包括创造社的郭沫若、郁达夫等当年也是二十多岁，刚从日本留学回来。一路数过来，基本上都是这样。所以，整个现代文学就是"青春情怀"制造的，就是青年文学。

如果我们把五四文学看作一个完整、封闭的阶段，那么到了近三十年，文学开始有了变化。这种变化开始于1985年的"寻根文学"。"寻根文学"出现后，文学明显地不再跟时代走了，因为你跟着时代走，时代变化快，你一定是被淘汰的；"寻根"作家们开始写自己乡下的体验，如《小鲍庄》《爸爸爸》，写那种相对来说与时代疏离的东西，结果造就了这批作家。到了1990年代，整个形势发生了改变，大环境的逆转以及市场经济冲击了整个文化市场，知识分子特别震惊、沮丧，很多作家纷纷选择下海经商、当官、出国，可是唯独这批"寻根"作家始终沉在底下写他们的乡土，用我的概括就是"到民间去"。比如张炜从写《九月寓言》开始，后来写《外省书》《能不忆蜀葵》，一路下去，基本上题材没变化，最后写了大部头的《你在高原》。又比如贾平凹，1980年代的小说是跟着时代走的,关于农村改革写过《浮躁》,农村责任田改制写过《鸡窝洼人家》,到了1990年代的《废都》则标志着他的混乱。其实这部小说写得不错,它标志着知识分子整个的头脑被搞晕了,知识分子完全绝望了,不知道怎么走,于是喝酒,搞女人。从这个时候开始,他的小说就慢慢出现了新的东西,开始与时代脱离。此后他写的《白夜》《土门》《高老庄》等都是过渡的,一旦成熟了,就出现了新时期的《秦腔》。《秦腔》是突然出现的高峰,从《秦腔》到《古炉》一直到现在,贾平凹的创作一直是高峰不断。王安忆也是这样,她以前也是跟着写"知青文学""寻根文学",到了1990年代她开始站定,创作了《纪实与虚构》。这部作品其实她自己非常看重,花了很多力气,但是学术界对它的评价不高;然后她就觉得,你们都看不懂我那种偏重精神的小说,那我就开始讲故事,走向写上海,写《长恨歌》。《长恨歌》是个歪打正着的作品,王安忆自己对《长恨歌》其实不是很满意,可是写出来后,就成了她的代表作,就红了。她其实是不愿大家把它看作"海派"怀旧作品的,但是大家都这么去捧它。她觉得评论界与自己之间是有误差的,所以她就开始往自己的方向走,就写了《富萍》《上种红菱下种藕》等一系列的作品。她是想告诉大家,她想写的"海派",是"海派"的劳动人民、底层等等,一直写到《遍地枭雄》,最后就出现了《天香》,她把自己重新塑造了。她的"海派"要比我们认知的"海派"广阔得多,她是否定我们一般说的像程乃珊、陈丹燕写的"海派",她是反对这些东西的。整体上来说,这样一批作家就成为1990年代最有实力的一批作家,他们没有受到干扰,一直在写作,这里还包括阎连科、莫言、韩少功等等，当然还包括先锋派作家余华、苏童等人。还有另外一批作家，他们是批判社会的，但他们不是以文学性来获得大家的尊重。比如梁晓声，他不仅是个很有名的作家，而且更是一个社会活动家，或者作为对社会进行观察、批判的一种声音而存在的。所以，我觉得当代文学发展到了现在，作家的差异已经分出来了。我想说明的是，改革开放以来，我们的经济建设有了很大的发展，可是我们最好的一批作家没有一个在那里歌颂经济发展得多好。如果放在1950年代，作家一定是这样写的，可是现在他们都在不停地批判，批判我们现在这个时代的很多社会现象。阎连科、莫言都这样。莫言的《生死疲劳》里有一段话——"50年代的人是比较纯洁的，60年代的人是十分狂热的，70年代的人是相当胆怯的，80年代的人是察言观色的，90年代的人是极其邪恶的"——带有强烈的批判色彩。但这种批判性恰恰使现实主义文学的力量大大增强，使得它跟生活的关系更紧密；相反，以前那些歌功颂德的小说其实是没有力量的，写完就过去了。这一批作家非常出色地把中国这三十年来经济建设中的所有问题都写进文学作品，他们慢慢形成了自己的风格。贾平凹的小说跟莫言的小说、阎连科的小说摆在那里，即便把名字拿掉，一读就分辨出来了，绝对不是别人的小说；而且在他们风格形成的过程中，这三十年来中国的现实摆在那里，吸引他们对中国这三十年、五十年甚至是百年历史进行思考，使他们沉下去深入思考一些中国的问题，把这些问题写进小说里去。现在所有的问题都是我们的生活当中发生的。作家的看法对不对我们可以讨论，比如韩少功的《日夜书》里有些观点我也不太赞同，可他写的是当下的问题。我觉得正因为这样,他才会形成一种"中国风格",因为他的创作是跟中国当下的文化、经济、社会紧密相连的。

作家"成熟"的另外一个原因就是,随着对当下生活的看重,思考社会问题的成熟,他们的表达方法也开始成熟。"五四"以来的新文学接受外来文学的影响很多,到了抗战以后,有一批作家转向民族风格。这种转向有非常现实的目的,就是为了让老百姓看懂,于是就出现了"赵树理方向"。中国有悠久的文化传统,都是士大夫传统、贵族文化传统,这些传统对老百姓来说都不好用。赵树理为了让老百姓能看懂,当时能用的就只有民间传统(我认为他用的民间传统是非常表面、非常功利的东西),这就构成了以赵树理为代表的所谓"民族风格""民族气派"。由于前提是让老百姓看懂,所以赵树理的小说几乎没有任何曲折的东西,就是"冀南有个农村叫李家庄。李家庄有个农民叫李有才"——没办法复杂,因为一旦复杂老百姓就看不懂。这种"民族风格""民族气派"的推广,以及当时闭关锁国、完全拒绝吸收西方文化的状况,严重局限了我们当代文学的发展。当年为什么柳青的小说会受到重视?不是因为《创业史》写得好,而是以赵树理为代表的"山药蛋派"作家如马烽、西戎等在他们的作品中没有风景描写,也没有心理描写,就是纯粹地讲故事,而且故事也是大白话,没有什么曲折的情节;评论家看重柳青,就是因为柳青接受了西方那种人物塑造方式,写出了梁生宝、梁三老汉等人物的心理活动。其实有西方文化背景的评论家大多数还是比较欧化、比较接受西方文学的,所以1960年代柳青大紫大红就是这个道理。就是说,柳青小说里面渗透了一点西方文化的元素,那时大多数的作家是没有的。他们没有，但他们接触的是民间文化，民间文化里有好东西，有好玩的东西，老百姓爱看，比如《林海雪原》《铁道游击队》，这里面有许多旧小说中的故事，但是总体上文学水平是不够的。今天的作家不是这样，王安忆、贾平凹，他们的视野非常广，西方的东西都读，古代的东西也都读，而且更刻意地是向古代学习。在这点上，我觉得贾平凹做得特别好，他读古代的东西是倒着读，先从明清小说学习，《废都》就很明显接近明清小说。他往上读，一直读到秦汉。他现在的小说，很多文风都接近秦汉时期的文学，有秦汉古文的底子在那里。

柯：最近长江文艺出版社出了一套《湖北文学通史》。据我所知，很多其他地方也都在做区域文学史的编写工作，或者在一定程度上进行区域文学史的重写。排除其他世俗因素的影响，这样做都有为所属区域的文化、文学找寻根基以便于传承下去的意思。另一方面，由于大一统的中国政治以及商业文化的无孔不入，我们的社会和时代是比较同质化的。在这种背景之下，您认为还存不存在地域文化？如果有的话，它的区分度在哪里？

陈：这套书我现在还没看，但我想《湖北文学通史》，它本身可能并不是完全强调地域性，可能强调湖北这个地方所承载的文学。"海派"文学也有两种：一种是反映上海的文学，一种是上海承载的文学。这样理解的话，北方人在上海写的文学也是上海文学，这个不一定要有地方色彩；第二个感觉（我不知道对不对），我觉得湖北文学的地方色彩不强，湖北不像湖南，湖南的地方色彩要明显一些。我读方方、池莉的小说，觉得地方色彩比较淡，有关这个地方独有而其他地方无法取代的东西，我是没有读出来。这可能是因为湖北是个中心地区，像个码头一样，东南西北进进出出都经过这里，是个信息比较发达的地区，地方色彩一般不容易产生；到偏僻的地方，比如去写神农架，可能有一些地方色彩。而且我觉得湖北的思想文化是比较开阔的，它所想的东西跟全国是差不多的。

柯：您从1970年代末开始从事文学批评与研究，迄今已有三十多年的历史，是现当代文学研究领域的大家。能否请您谈谈从事现当代文学研究与批评的感受与心得？您最近的研究兴趣是什么？能否谈谈您的研究动态，介绍一些前沿信息？

陈：我关心和感兴趣的，第一个是百年来文学史的变化。这始终是我关注的问题。从早期写《中国新文学整体观》开始，到现在写"先锋与常态"，我一直关心这一百年来文学史变化的形态。而且我不主张把现代与当代分开，它们是一个整体。这是我从1980年代以来就坚持的观点。关心这一百年来文学史的变化形态，一定要关注未来，未来怎么样决定了以后对这个文学史的评判标准。比如现在我们把某东西评价得很高，或许过了若干年已经完全过时。每一代的研究者都可能会遇到这样的问题。因此，把关注这一百年来的文学史变化和关注未来结合起来，我认为文学史本身是不稳定的。我从来不僵化地看文学史，我从来不认为文学史一定是怎样、应该怎样，没有什么应该的。第二个我感兴趣的是在主流话语之外谈文学，我说的主流不是文学的主流，而是指文学史的话语主流。因为文学史的话语主流很容易遮蔽一些被你概括不进去的东西，比如我们讲文学是革命，那么不革命的文学就可能概括不进去；又比如五四新文学讲"为人生",那么不"为人生"的文学就概括不进去。我比较喜欢,理想中的文学状态应是无名状态,就是谁也不要主导谁,文学是自由发展的。作为个体的学术研究者或者批评家,我是做不到这种状态的,我不可能去左右这种文学状态,但是我能做到的一点就是我不断地关注被遮蔽的元素。因为我不断关注被遮蔽的,或者关注某一类非主流的文学,就会使这些话题成为大家关心的问题,这样就无形中削弱了主流大一统的思想。所以,我是不站在主流的立场上去思考文学史的。我不是反对主流,我是觉得如果大家都讲同一个问题,这个问题就容易变成一个绝对的叙事,于是不符合它的标准的文学现象就被遮蔽掉了,比如我们上海都在谈怀旧,都在谈"海派",那我一定是批判的,或者我要强调王安忆的作品中哪些是非"海派"的东西。我为什么喜欢拿贾平凹、莫言等人的作品举例,是因为我觉得他们的作品中有很多东西是我们文坛不重视的东西,如果我不说,可能主流的批评会把它们遮蔽掉,关于余华《兄弟》的争论也是一个典型的例子。因为余华写的李光头发家史不符合主流话语对"改革开放"的界定,于是就被淹没在一片批评声中,所以我就要努力去说明它们。

柯: 关于"民间",学术界和知识分子讨论的"民间"是否是想象的民间?您怎么看待民间中的"暴民文化"?

陈: 我以前写过一篇文章《六十年文学话土改》,与你的意思相似;这是个比较尖锐的问题,三言两语谈不好。一般地说,民间暴力对中国革命、对中国社会危害性非常大。为什么会出现民间暴力呢?在进入文明以前,民间暴力是最普遍的暴力,人类社会生活就像动物界,不需要讲道理,谁强大谁就把对手消灭。这就是暴力。随着原始部落之间的无数次战争和融合，慢慢就形成了国家的雏形，逐渐进入了文明时代。进入文明以后，人们越来越觉得需要有一个新的理念来压抑民间暴力，于是就有了法律。法律是国家机器的一部分，是为了取代民间暴力，比如你把他杀死了，那你就犯罪了，但我不能因为你犯罪而把你打死，打死你我也犯罪了，所以我们一定要把这个问题交给第三者（国家权力）去评判，也即法律。法律代表国家，其实法院、刑法、监狱、警察（衙役）等等，也是暴力，但它是国家暴力。国家暴力从理论上说，代表所谓的民众意志，超越了民间的利害关系，持一种客观公正的姿态。但是国家暴力的权威一旦失控，就很难预想会发生什么，比如"文革"时，国家暴力失控了，国家专政机器被瓦解了，公安局长被打倒了，没有人管了，民间暴力就泛滥了。其实中国社会中农村的社会结构是超稳定的，社会矛盾不会很尖锐，什么"打翻在地，再踏上一只脚"的呼吁，就是故意煽动民间暴力，强调了人民一定要通过暴力打破国家机器。这时候民间暴力与国家暴力是对立的。但是，国家暴力也不都是进步的，比如反动政府的暴力就不是进步的。所以说，国家暴力是有局限的，某种意义上，它代表了统治阶级的利益，一定会把威胁它政权的力量都抓起来，投入国家机器如监狱等等。而民间暴力时时潜伏在地底下，一旦国家暴力失去了公正性，民间暴力马上就会崛起。所以这是一种狮子与鳄鱼的厮杀，既对立又相互转化。

总之，国家暴力与民间暴力有两种情况：一种是国家暴力与民间暴力对立；一种是国家暴力利用民间暴力，二者达成一致，"文化大革命"某种意义上就是这样。所以，有时候研究民间暴力不能看国家条文，条文都是正式的法律，每条都是政治正确的。如果你研究条文，就会觉得这个国家没有发生暴力，可是实际上它已经发生了，并且发生的时候，国家是纵容它、不管它的。我觉得这是最暴力的现象。民间暴力我觉得什么时候都有问题，但是当国家暴力失去了正义性以后，民间暴力在一定程度上也有正义性，比如农民革命，它也有正义性。过去说"逼上梁山"就是恢复民间暴力，因为国家压迫它，它一定程度上就具有了正义性，但这个正义性是很小的，《水浒传》里宋江打曾头市，也是鸡犬不留，十分残忍。

访谈时间：2014年11月18日
访谈地点：华中科技大学

初刊《纪实与虚构——2014秋讲·王安忆陈思和卷》，华中科技大学中国当代文学写作研究中心编，长江文艺出版社2015年版

久别的未曾失去的笔
——答吴天舟[①]

采访者手记：2008年，贾植芳先生去世；2009年，我考入复旦大学。在这个时间开下的玩笑里，无缘像先前代代的师兄师姐一样亲自领受贾先生睿智的言传身教，已成为我不可挽回的遗憾。而将历史的镜头拉向更远的纵深，我所出生、成长的1990年代，恐怕亦是一段被先生当年渗透着忧虑的预言不断言中的岁月。不论秉承何等坚定的信念，我们或许都得无奈地接受，历史的风向变了，错位、误读与变革亦随即成为我们后来人必须直面的现实挑战。在复旦中文系的资料室里，悬挂着一张先生生前的像，先生神彩飞扬，似乎仍在指点后学迷津。自大二文学史课上陈思和老师告知这张相片的存在以来，在它之下的案头，我已度过了五年的学习时光。偶尔看书之时，我不禁抬头胡思乱想：对于我眼下置身的现实生活，对于我方今关切的学术问题，先生会作何议论？可先生是不会给我任何直

[①] 吴天舟，时为复旦大学中文系博士生。

接的应答了。这相里相外的距离,较之当年"狱里狱外"的天翻地覆,恐怕亦未必逊色吧?然而,距离从不意味着传统的失效,更不应当成为关于文学和历史对话的终结。相反,它具备激活与拓展传统力量的无限可能。只是,倘若想要跨越时间的壁垒,所要做的不仅有重返先生当初生活和思考的历史现场,更应将自身的关怀与问题意识融汇其中,在生命能量的彼此冲撞间,再度审量过去之于当下和未来的无尽意义,而这无疑离不开在阅读和思考的磨砺间不断地自我精进。今年时值贾先生的百年诞辰,河西学院举办"贾植芳与中国新文学传承"国际研讨会以此纪念先生。借此东风,我以贾先生日记为中心又拓展阅读了一批材料。之所以选取日记作为阅读的基础,诚如先生自己所言:"日记是一个人灵魂的展览馆,尤其是一个内心生活丰富和复杂的诗人或作家,又处于历史激变社会转型期的时代,他的精神世界的骚动,更其剧烈和纷繁。又因为作者写作的目的,是留给自己查看的,因此,它真实而纯净,像一个没有浓妆艳抹的妇女,倒显出她的天然风韵和她的'缺陷美'——她的真实的自我。它是真正的写实文学,不仅是一个诗人或作家的生活记录,也是他的成长史、人格史和创作史的自然形态。至于当时的社会动态、文场风习,这里当然也有其事实的反映和清晰的折射。因此,它又是一个特定历史时代的聚光镜。"(《一个跨代诗人的历史命运——〈勃留索夫日记钞〉中译本前记》)我想,通过日记走进当年贾先生生活和思考的一小段场景,并借由先生这扇窗口,以点带面地打开一个时代,或许亦能算作承续传统这一漫长过程的起点吧。不过,一己之见终难脱偏狭之嫌,因此,在阅读的基础上,我向陈思和老师提出进行一次访谈,希望能以陈老师长年在先生身边工作的鲜活经验与他自身对于历史的独到体会,弥补我在感性经验上的匮乏与缺陷。陈老师欣然答应。这次访谈主要集中于先生复出后的学术活动,当然这也同先前对于先生的理解主要偏向于他四度身陷囹圄的苦难事迹有关。牢狱生涯固然是先生高贵精神的集中体现,但我想,在变动不居又风云诡谲的1980年代,先生对于苦难过往的"超克",对于知识分子岗位的坚守,也具有同等重要甚至更为深远的意义。访谈的题目化用自先生复出后的诗歌创作《笔颂》。对先生而言,这支笔引领着他走过掀翻旧世界的战斗,也以它的沉默记录了他黑暗时节的人性光辉。对我们而言,贾先生的这支笔或许已久别,但它从未曾失去。

吴天舟(以下简称吴):陈老师好,很高兴能和您谈谈贾植芳先生。虽然在课上已多次听您讲过先生,但真正接触先生的文字,相对完整地走进先生的一段生活还是第一次。读完贾先生的日记,我非常感慨,觉得先生就像历史中的一座灯塔,通过他所照亮的道路,对于我们这个学科的把握也好,对于现实的种种判断也好,我想我们都能看得更加透彻,也更能明白知识分子的身份究竟意味着什么。不过,毕竟我没有亲身参与到那段历史中,在对那个复杂时代的感受上,我可能存在不少错位之处,因此我很想听听陈老师是怎么看的。

陈思和(以下简称陈):你的提纲我看了,几个问题提得挺好,有一些我之前也没有想过的角度。不过你主要是根据贾先生的日记提供的线索来提出问题。先生的日记我以前虽然也翻过一些,但我基本是后来在主编《贾植芳文集》的时候看的,所以我对先生的认识不一定以日记为准。我跟着贾先生工作的时间比较长,有些问题我也是从我自己的角度来谈,谈我自己的一些想法。另外,在谈的时候,我希望你能把你自己的视角和体会放进去,你没有见过贾先生,在经验上又隔了一层,我们相当于是三代人在进行对话。我就希望我们能有我们各自不同的感受和关心,这样我们讨论的层次会变得更为丰富。

吴:好的。我们就从贾先生的复出谈起吧。您留校后很快就担任了贾先生的助手,对贾先生复出后的工作,包括对当时整个现当代文学学科的重建,您应该是最了解的,所以想请您先介绍一下。另外,那时候您还是青年教师,之前在给我们上课的时候,您就反复提到老一辈知识分子对新进学人的一种薪传式的影响,像北京就是王瑶、唐弢和李何林三家,而我们复旦就是贾先生。那么作为距离贾先生最近的学生,您觉得跟随先生工作,最大的收获和启发是什么?这对您以后的学术生涯有怎样的影响?

陈:我是1978年下半年认识贾先生的。那时候他刚刚从监督劳动的印刷厂回到中文系资料室。贾先生来了这件事,是资料室一位叫周春东的老师跟我说的。虽然那时候上面已经给贾先生从宽处理了,但因为胡风问题的平反比较晚,贾先生那时还没有平反,"胡风分子"的帽子还戴着。那时候受迫害的教授通常都很沉默,在公众场合不会主动发出声音,但贾先生很不一样,他每到一个地方都非常引人关注,不停地说话,声音也很高,对学生也非常热情,后来我和李辉就慢慢地和他熟悉了。贾先生当时已经开始学术工作了。他在资料室没有具体任务，基本就是劳动性质。那时候政治气氛已经缓和，当代文学作为一个学科刚刚起步，从事当代文学教学的教师普遍感到资料搜集的困难，知识也没有积累，南方一些高校就想让复旦牵头，联合起来编辑一套《中国当代文学研究资料丛书》，帮助这个学科的建立。复旦中文系研究当代文学的都是年轻教师，具体负责的是陆士清老师，比较活跃的是唐金海老师。编纂这套丛书，主要是唐老师牵头做，陆士清老师还负责另外一个大项目——编写三卷本的《中国当代文学史》。中文系里拿到这个课题后，就请贾先生出来担任了这套丛书的编委，负责审稿，资料室的几位工作人员也集体参与了这个工作（从这件事可以看出，中文系领导对贾先生不抱敌意）。那时除了一些老教师，大多数青年教师都不认识贾先生。贾先生 1955 年被抓进去，青年教师都是以后逐年留下来任教的，他们和历史上的案子已经没有关系了。因此，尽管贾先生的"胡风问题"还没有解决，但大家都知道先生的学问很好，外语也很好，就觉得先生是可以发挥作用的。贾先生的工作主要是编三本资料集，即《赵树理专集》《闻捷专集》和《巴金专集》，具体的工作有资料室的周春东老师他们几个人在做，唐金海老师也有参加，不过唐老师自己还另有任务，像《茅盾专集》就是唐老师自己编的，所以赵树理、闻捷、巴金这三本资料集主要是贾先生在负责。这套书编好以后，贾先生还去北京请茅盾写序题词。这套资料丛书最初是民间学术活动，用的是很简陋的白色封面，我们叫做"白皮书"，内部发行，不是正式出版物，是给参与编辑的大学的当代文学教师作教学参考用的。丛书包括《茅盾专集》《巴金专集》等，但更多的是 1949 年以后写作的作家，像赵树理、马烽、西戎等人的资料专集，也有一些作品，如《豹子湾战斗》《霓虹灯下的哨兵》《红岩》等都有专集，主要是搜集有关研究、评论资料，"文革"后的文学几乎没有涉及。再往后就有了国家"六五"社科项目。中国社科院文学所重整旗鼓，还是由周扬领导，文学所负责人陈荒煤和现代文学研究室组织编纂《中国现代文学史资料汇编》，被列入国家"六五"社科重点项目。这套资料汇编分甲《中国现代文学运动·论争·社团资料丛书》、乙《中国现代作家作品研究资料丛书》、丙《中国现代文学书刊资料丛书》三种。这套丛书也是由全国各个高校的教师组成团队，编辑了近百名现代作家的资料集。那时候贾先生已经独立工作了，他代表复旦中文系去北京开会。复旦好像拿到两个项目，一个是"文学研究会资料选编"，另一个是"外来思潮、流派、理论在现代文学史上的影响"，后一个项目是分给两个学校去做，复旦负责1927年以前的相关资料的搜集整理，1927—1949年部分由吉林大学负责。贾先生还是这套丛书的编委，所以也参与了整套丛书的审稿工作。大概过了若干年以后，社科院获悉当代文学那套资料集已经编出来了，就主动提出把那套书也收入到他们的"六五"规划里去，等于是把"六五"规划扩大成现代文学和当代文学两套。社科院文学所好像是陈荒煤、许觉民、徐迺翔等人参与负责，贾先生也是编委。贾先生复出以后最早的学术活动，大概主要就是参加了这两套资料汇编的工作。

贾先生着手做现代文学资料汇编的这两个项目时，我还在中文系读书，中文系除了资料室的工作人员以外，还有两个老师和贾先生一起参加该项目，苏兴良老师帮他编文学研究会资料，何佩刚老师帮他编外来思潮资料。文学研究会资料集很快完成出版了，而外来思潮那本难度比较大，没有及时完成。我留校以后，贾先生就提出让我担任他的助手。那已经是1982年，章培恒老师是系主任，他提出给系里每一位老先生配备一个助手，之前贾先生编《巴金专集》时，我帮他翻译过奥尔格·朗关于巴金的论文等，于是系里就把我配给贾先生，理由是我可以帮他翻译一点外文资料，能帮他编这套书。当时还有一个硕士研究生孙乃修，是我本科的同班同学。这套书后来主要就是我和孙乃修在搜集整理。不过我们的思路全部是贾先生提供的，与其说是我们在帮他编，还不如说是他指导我们在编。让我印象最深的是他让我翻译了好多东西，包括叔本华等一批西方理论家的论文。我们当时的水平不高，翻译的东西错误很多，贾先生就帮我们校对，这是贾先生对学生的一个很重要的训练，他强调外文一定要会读会译；另外一个就是在编这套丛书的时候，他的要求是，编"浪漫主义"就一定要弄懂"西方浪漫主义"是怎么回事，编"现代主义"就必须弄懂"现代主义"是怎么回事。李欧梵的《中国现代作家的浪漫一代》，我在当时就翻译过几个章节，就是为了了解浪漫主义在中国的有关线索。然后，贾先生就安排我们去北京查资料，让我们一定要查到一篇落实一篇，一定要眼睛看到才能作数。外来思潮这个课题的大事记是我做的，同时还和孙乃修一起编辑选文。那时不像现在有数据库，都没有现成的目录，我们就是一张一张翻看报纸和刊物，看到有关内容就记下来，有什么想法就做笔记，方法很原始。等到做完这个项目，已经是1986、1987年左右了。孙乃修已经调到北京，就留下我和资料室另外两个老师继续做，贾先生也离开资料室，学校恢复了他的教授身份，一度还担任了校图书馆馆长。可惜的是，这套资料集编完后一直没有出版。那时，社科院的那个项目已经结束，本来他们是把这套书安排在广西的一个出版社出版，可是那边怕赔本，一直拖着不肯出，后来就在几个出版社之间推来推去，拖了很久也没能出版。一直到贾先生九十大寿的时候，我的学生郑纳新才在广西师大出版社把这套书正式出版，但因为有些内容已经过时，出版的时候经过了大量的删节，大事记也删掉了，压缩成两卷本。另外，吉林大学负责主编的那部分也没有出书，贾先生看过以后提过很多意见，可后来还是没能出版。所以我们在重新编辑这套资料集时，又加了一部分1927—1949年外来影响的内容。现在看到的两卷本的资料集，其实少了很多东西，不过贾先生定下来的大致面貌还是可以看到的。虽然如此，编辑这本资料集对我的影响实在很大，它一下子打开了我的眼界。我那时候尽管留在现代文学专业，可我的兴趣却在当代文学批评。我原来在图书馆工作，是写书评的，我发表的文章主要是书评方面，偶然地因为对古代文学感兴趣，也写过一两篇文章。外国文学我也喜欢，但没有什么实质性的深入接触，何况我的外语程度也做不到深入研究。我原来以为现代文学和外国文学没有什么关系，但因为协助贾先生编这套外来思潮的资料集，一下就打开了一条研究中国文学和世界文学关系的道路。在这条路上，贾先生是领路人，他确实做了很多的工作，后来中外文学关系能成为比较文学领域的一个组成部分，和贾先生的许多想法都有关系。那时候"文革"才刚刚结束，大家对现代文学的基本状况还摸不着。而我在研究巴金，贾先生就给我提供过奥尔格·朗研究巴金的书等。通过读这些书，我和李辉写了《巴金与欧美恐怖主义》《巴金与西欧文学》《巴金与俄国文学》等文章。这些文章的主要思路和方法都是从西方汉学家那里学来的，国内当时根本就没有这种比较的研究方法，也没人会这么写。我们撰写研究巴金的这些文章，贾先生比较满意，他叫我去做中外文学关系的研究，也是因为看了这些文章。搜集了中外文学关系的资料，更加开阔了我的眼界，我几乎对浪漫主义、现实主义、现代主义都摸了一遍，当然不是很精细，我的缺点是没有深入进去细致地考察某个现象，但从好处来说，宏观上的东西我都把握住了。后来我写《中国新文学整体观》，就是以这套资料集为基础。我不大喜欢那种堆砌资料的繁琐做法，但我的学术视野基本定型了。对于我来说，现代文学就是一个整体，这个整体还不只是从现代文学到当代文学，更主要的是现代文学和世界格局的整体关系。所以从时空的角度来说，在那个时代，我和同代人相比，学术视野宽了一点，这可以说是贾先生对我的一个很重要的提升或教育。

吴：贾先生去北京开的那个会很意味深长，记得有人说贾植芳你怎么跑到周扬那伙人里去了，说的就是这一次吧？我感觉当时表面上似乎是一个百废待兴的新时期来临了，但底下仍旧暗流涌动，过去的阴影依然笼罩在每一个文坛中人的身上，这成为理解这段历史的一个非常重要的因素。

陈：这个会是贾先生复出后，第一次以学者身份到北京参加公开的官方学术会议，是中国社科院文学所请他去的，联系的时候还专门称他为"贾植芳同志"，说你什么时候到北京了我们来接。这对贾先生的触动很深，这就意味着胡风问题开始在逐渐解决了，尽管还没有完全平反，但能够称他为"同志"，就说明他的问题已经不大了。于是贾先生就去了，但不是一个人去的，系里请了苏兴良老师陪同。苏老师人很正派，和贾先生的关系也非常好，帮贾先生做了很多工作，文学研究会资料集主要是苏老师参与编辑的。但在当时的环境下，苏老师是党员，贾先生开始对他有点不信任，怀疑他是中文系安排来观察自己表现的。那个时候党员与非党员一起外出公干，可能也有类似使命，也是很普遍的现象。所以先生到了北京以后，比如他去看路翎、胡风这些朋友的时候，都是一个人独自去的。后来他们互相有很深的了解，先生与苏老师的关系就很好了。贾先生毕竟是从那个时代过来的，他对人还是会有警惕的一面。

你说的事情就发生在那个时候。那时，以周扬为代表的一派，如陈荒煤、张光年、冯牧等等（贾芝先生原先也是与他们一起的），他们的领域主要是作家协会、社科院文学所。我听贾先生说过好多次，说周扬是个白衣秀士，气量还是很小。所以他对于胡风冤案的彻底平反不是很乐观的。但另一方面，周扬对立面有丁玲、胡风、李何林这一个圈子，他们是当年围绕在鲁迅周围的那些人，李何林是代表。李何林的阵地在鲁迅博物馆、北师大等。丁玲、胡风都遍体鳞伤、自顾不暇了，他们还是咬住"两个口号"之争等问题，站在鲁迅批"四条汉子"的立场上，不肯原谅周扬等人曾经对他们的迫害。所以贾先生去社科院开会，李何林见了面就问他，你跑到周扬那里去干嘛？意思是你应该是我们这里的人。后来胡风冤案平反，上面还给贾先生留了一个尾巴，没有彻底平反，丁玲知道了，就愤怒地斥责：他们还想整贾植芳啊！这个"他们"也包括了周扬等人。当时，"胡风分子"，包括像丁玲这样一些受过周扬迫害的人，都是不原谅周扬的。周扬的姿态做得很高，看到人就打招呼道歉，流着眼泪。但他也知道这些人是不原谅他的，他们之间的矛盾没有消除，只是他先走出一步，摆了一个很高的姿态，大家就比较同情周扬。关于这个会，贾先生回来后很认真地和我说过一件事。说他们在安排小组会讨论的时候，有一场是讨论胡风问题，让贾先生主持。这件事，我从局外人的立场看，觉得没有那么复杂，以我的理解，贾先生是"胡风集团"成员，比较了解胡风冤案的复杂情况，请他主持会议顺理成章。而且那时讨论的也不是学术问题，只是关于怎么编书的技术问题。但贾先生的反应非常强烈，他认为这是社科院周扬那帮人在试探他到底"改造"好了没有。他们很客气地请他主持这个会，但贾先生在会上一句话都没有多说，只说了这个题目，然后让大家发言。发言的过程中，有很多人为胡风冤案鸣不平。可从头到尾，贾先生没有说一句话，他没有说在胡风问题上确实有错误之类的。别人是希望他能讲两句，或者介绍一下当时的情况，可是他一句话也没说。我觉得贾先生长期处在冤案阴影下，他有比较过敏的一面。当然，也可能我不是从那个时代走过来的，对政治斗争的复杂性理解不深，我只是说我自己的看法。后来胡风问题平反的时候，所有的人都摘帽了，唯有贾先生还拖了一个尾巴，说他不是反革命，但历史上有问题。贾先生怀疑和这个会议有关，是周扬他们看到他还在坚持自己的立场，就在背后整他。当然这是贾先生的个人看法。

我们从这件事可以看出，周扬、胡风两派之间的矛盾没有解决，如果深入地说下去，贾先生不是这个矛盾漩涡中的人，他对"两个口号"之争，对胡风的文艺理论问题等等，是不关心的。他的一个身份是作家，另一个身份是胡风的朋友，除了这两点以外，胡风的理论对不对，他其实不怎么关心，不怎么热衷。这一点与耿庸、何满子不一样。我在他身边一直听到他对胡风有所批评，他跟我说过几件事。一件是关于范泉。1940年代贾先生和范泉也不是很熟，他只是在胡风家里见过范泉。范泉当年是《文艺春秋》的编辑，他去胡风那边组稿，所以他们认识。贾先生和我说过，胡风但凡认为一个人不可靠，就不向自己的朋友作介绍，所以胡风从来不向贾先生介绍范泉，贾先生就知道胡风对范泉有看法。后来胡风在"三十万言书"里说到范泉是南京方面的暗探。范泉在1950年代政治上追求进步，还争取入党，但因为胡风的检举，在胡风被逮捕的时候，范泉也被审查，后来又被打成"右派"分子，被送到青海劳改。范泉晚年才从青海回上海，担任上海书店总编辑，与贾先生的关系非常好。但是他对胡风检举他这件事一直耿耿于怀。"文革"后，胡风的"三十万言书"没有删节公开发表了，范泉看到了很生气，是贾先生把这件事平息下来，梅志知道后公开向范泉道歉，这件事才算过去了。第二件事是关于唐湜。唐湜有一次写了一篇文章叫《我观胡风》。他认为胡风当年很"左"，得罪的人非常多，等等。言下之意，胡风被打成反革命，倒是让他们都觉得松了一口气。贾先生劝唐湜不要发表这样的文章，意思是这件事已经过去了，胡风也受了很多罪，现在大家吸取教训就算了，后来唐湜也修改了自己的文章。唐湜、范泉和贾先生的关系都很好，贾先生在这些事情上一再说到，"我们"那"朋友"也很"左",包括传言中说:要是胡风掌权了恐怕会比周扬还厉害。这个话贾先生也说过的。后来有人传说王元化也说过类似的话(彭小莲不相信,但我是相信的)。当时对胡风阵营比较有反思自觉的,大约就是王元化和贾先生。但王元化先生的情况还不一样,他长期从事地下党工作,中共对胡风的批判态度他早就了解,他和贾先生还是有不同的。贾先生是站在民间知识分子的立场上认识这个问题的,他在"文革"以后对整个"左"的思想路线的反思非常彻底。尽管他与胡风、梅志都是生死与共的朋友,感情之深非我们所能理解,不过他在私下对我和李辉(可能还有其他人)确实都说过,胡风有忠君的一面,像汉代晁错"清君侧"一样,对毛泽东、周恩来始终抱着迷信。所以在1980年代思想解放运动中,贾先生一直是站在思想解放的立场上,反对倒退,反对保守,更警惕极"左"的路线可能复辟。贾先生在"文革"以后,第一不是胡风派,他不是坚定不移地站在胡风立场上的,他对胡风问题有反思;第二他当然更不是周扬派,他是回到"五四"知识分子的传统里,跳出了宗派的立场。这是贾先生非常明显的一个特征。这个特征发展到后来就发生了1985年向周扬致敬的事件。这件事是李陀、李辉他们搞起来的,那时候周扬因为在"清污"运动时受到批判,脑子已经不行了。李辉他们就在开文代会的京西宾馆门口贴了向周扬的致敬信,很多人都自愿签名,表示向周扬致敬,抗议那些企图发起"清污"的人。贾先生的签名,我估计是因为李辉的关系——李辉签了他也就签了。签了以后,很多反周扬的朋友就批评他,说你怎么去凑这个热闹了。贾先生后来有过解释,但我认为贾先生签名就是为了表明自己是和李辉他们一起站在反对搞"清污"运动、反对批判人道主义的立场上的。实际上，贾先生和周扬等人当初并没有直接矛盾，他只是被动地被卷到文坛纷争里去，他不像李何林他们对宗派矛盾特别敏感、激烈。而且"文革"以后，周扬摆出来的姿态就是支持思想解放运动的，周扬手下的张光年、冯牧、陈荒煤这些人也都是坚持思想解放的代表人物。吊诡的是，反过来那些曾经受周扬迫害、坚持反对周扬的人却变成保守派了。当时的年轻人对丁玲他们反而比较疏离，觉得他们很"左"、很保守。两派的位置完全颠倒过来了，在新一轮的博弈中，周扬居然还是站在正确的一方。在这个过程中，从私人关系上讲，贾先生和胡风、丁玲等关系非常密切，但是在原则上，他没有感情用事，至少没有参与到两个派系的争斗中去。感情上他毫无疑问支持胡风，讨厌周扬，但在讨论刘再复的"文学主体性"问题、戴厚英的"人道主义"问题等等一些思想解放运动中的具体问题的时候，贾先生对文坛形势的看法和他的朋友是不一样的。

对待舒芜也是这样。因为整个胡风冤案都和舒芜有关，"胡风分子"极其痛恨舒芜，尤其是何满子，骂舒芜的文章都可以凑一本集子了。贾先生当然也恨舒芜的出卖行为，但是从私人交往来说，他和舒芜没有太大的怨恨。他还说过，舒芜在他困难的时候（被国民党逮捕）帮助过他，他一度还和舒芜恢复联系了。但是后来他们之间又出了问题，还被媒体穿凿附会很多东西。其实事实很简单，先生是从那个时代走过来的，他对生活中的有些现象很警惕。那时先生去北京开会，舒芜请先生和师母吃饭，请了牛汉、绿原作陪。贾先生事先还征求牛汉的意见，牛汉说去啊，吃归吃，骂归骂，于是他就去了。吃完饭，他们到琉璃厂逛书店，舒芜买了一本周作人的《中国新文学的源流》，当着他们的面在书上写了一个题记：某月某日在何处宴请植芳兄嫂，有哪些人参加等等。贾先生回上海后就和我说，舒芜这个人不好，他这么做就是为了留一条后路，好让以后的人知道我和他早就和解了，还一起吃饭了。舒芜到底是不是这样想，我们到今天也不好说，但贾先生对这种事情非常警惕。结果在媒体炒作他们之间关系的时候，这件事还果真被舒芜拿出来作为证据，证明大家的关系原来是很好的。所以在这件事情上，贾先生很敏感，不能说完全没道理，他毕竟是从那个环境过来的，他和我们局外人看问题的方式不一样。但对待年轻人，他一直比较宽容，对刘再复他们，一直持支持态度。贾先生在管制劳动结束后回到资料室工作，他把1950年代反胡风的有关资料全都看了一遍。看完以后他曾经和我说，有一个作家没写过批判胡风的文章，那是孙犁。孙犁是从解放区出来的，但他没有写过批判胡风的文章。贾先生就一直认可孙犁的人品。赵树理写过批胡风的文章，但贾先生说，赵树理的批判文章一看就是敷衍的。胡风不喜欢赵树理，他对中国农民的旧意识一向很警惕，他喜欢的是柳青这样有理论深度的作家。因为胡风不喜欢，胡风周围的人也不喜欢，好像还发生过有人公开辱骂赵树理事件。所以，贾先生接手编《赵树理专集》，参加赵树理研究的学术会议，表明了贾先生对赵树理真是一腔热忱。他非常喜欢赵树理的作品，还说赵树理人品好。这样的话和我说过好几次。按理来讲，赵树理和胡风也算是有隙的，但赵树理批胡风只是表态，看得出是个厚道人。后来贾先生主编《巴金专集》。巴金当年也写过批判胡风的文章，贾先生起先对巴金也是有看法的。巴金起先对贾先生主持编他的资料专集也有点保留意见，但后来巴金认可了贾先生编的《巴金专集》。"文革"时期两个工人作家批判巴金的文章，巴金早期无政府主义思想的资料，都被贾先生编进了资料专集，巴金都认可了。这时候贾先生也改变了看法，他觉得巴金有勇气面对历史。巴金最早发表对胡风冤案的看法是1980年代初，那时胡风冤案初步平反不久，但还没有正式平反，日本《朝日新闻》驻上海的一个特派记者采访巴金，巴金就开始自我反省。之前，胡风在上海的一家学术刊物上发表一篇关于鲁迅葬礼的文章，文中说到，他保存的一笔用来丧葬的钱，在葬礼的时候被小偷偷了，后来是通过巴金让吴朗西把钱先垫了出来。刊物编辑找巴金核实这件事，巴金写了一个注释，说明了事情的经过，算是作证。从这件事开始，巴金和胡风总算是恢复了交往，但那个注释完全是公事公办的口气。后来巴金写《怀念胡风》，文章写了很久，一直到胡风正式平反，文章才写完，写得极有感情。贾先生对这些细节都很关注，他对巴金晚年的《随想录》是充满敬意的。类似的情况还有王瑶。王瑶先生以前在文学史里写过胡风，后来胡风冤案发生后，王瑶就写了批判胡风的文章，好像还写过批判贾先生的文章。贾先生有点记仇，他对周扬等人或者官方的批判没有太多的意外，但凡是和周扬没有关系的人，或者一般的自由知识分子，参与批判胡风，他特别记得住，他把这种行为称为"皇协军"，说他们又不是真正的皇军，只是伪军，干嘛还要穷凶极恶？后来王瑶去山西参加赵树理研讨会，与贾先生相遇，他们是山西老乡，王瑶主动提出,要和贾先生单独见一面,见面的时候贾先生的态度非常冷淡。王瑶又提出要拍一张合影,我听贾先生描绘说,他和王瑶两个人冷冷地坐着,王瑶边上站了个黄修己,贾先生边上站了个唐金海,拍出来的画面完全是对称的。这张照片我看到过,没有先生说得那么夸张,但他对王瑶确实有看法,一直到1989年底他们之间的结才真正解开了。王瑶先生在政治风波里受到很大伤害,他抱病到上海来参加巴金研讨会,贾先生在家里设宴招待,王瑶吃了一半就感到不舒服,但还是坚持去青浦参加会议,最后病亡于上海华东医院。那时,贾先生与王瑶之间真正流露出知识分子相濡以沫的感情。他写了一篇悼念文章,题目就叫《怀念我的老乡》,很有感情的。我们从这些事情上可以看出来,贾先生是一个爱憎分明、坚决支持思想解放、坚持讲真话的知识分子。

吴:这点我认为特别关键。先前我们理解贾先生,强调的主要是从鲁迅到胡风再到贾先生这样一条"五四"传统,但这往往也容易导致将传统同质化、简单化。我想,除了需要一个总的概观之外,还应该有更为细致的辨析,在相似性当中把每个人不同的面向呈现出来,然后分别去检讨他们各自的得失。具体在贾先生身上,我觉得让人特别感动的一点就在这里。他尽管和胡风、和"胡风分子"是患难与共的朋友,尽管他们一同从最苦难的时期一起走过来了,但他并不将苦难视作绝对正确的标识,跨越苦难也并不意味着从此以后他就有天然的说话高点了,他是依然可以、甚至是必须对走过的道路理性地加以检讨——是不是在他们的思想里面,也有着与将他们拖入苦难的"敌人"共同的错误?如果说"五四"传统是真正地希望将个人性的因素发挥出来,如果说我们真的是希望去做一个有独立思想和判断的知识分子,那么除了对我们所谓的"敌人"以外,对我们的同志朋友,包括对我们自己,也应该有一视同仁的反思态度。我想对鲁迅也好、对胡风也好,包括对贾先生本人也好,站在后来者的立场上,这些都是必须不断反复地加以打开的。另一方面,作为一个还不太有经验的后辈,这也同时给我提了个醒。说实话,之前我可能把"胡风分子"、甚至把"五四"传统这样的标签看得太僵化了。在人事和学术观点这两个层次,还是要分开来做不同的处理,不然读出来的东西还是会很小。

陈: 从传统上说,贾先生站在胡风的立场上当然毫无疑问。而且"文革"以后,随着胡风的复出,尽管对"两个口号"之争也有不同的理解,但学界大多数人都认同胡风不认同周扬,基本是站在胡风这边的。不过贾先生和胡风的关系主要还是在朋友层面,他和胡风的人生经验不一样,对问题的看法也不一样。1948年胡风写《论现实主义的路》的时候,贾先生就在胡风家里。先生说,胡风坐在他对面,一边抽烟,一边写作,抽烟抽得嘴唇都发白了。胡风写完一张,他看一张,看完以后,贾先生不主张胡风用尖锐的口气进行论争。他认为当时共产党就要解放全中国了,在这个时候,突然在香港有这么一帮人集中火力批判胡风,背后一定是有来头的。他就对胡风说,你应该要警惕,不能再继续和他们对立,而且批判你的人,像乔冠华、邵荃麟等,都是搞政治的,他们背后是有组织背景的,你不能这样去和他们斗。胡风听了这话就很不高兴。后来胡风把这篇文章拿到文协办的《中国作家》杂志上发表

（杂志由开明书店出版，开明书店的总编辑是叶圣陶），文章都已经排好了，但叶圣陶还是很为难。后来开明书店找了个借口，把杂志给停掉了，文章就没有发出来，是胡风自己出钱印了个小册子。这篇文章也没写完，胡风就到香港去了。由此可以看出来，贾先生和胡风在看问题上有许多地方是不一致的。但不管怎么说，他们之间仍然把朋友的伦理关系看得很重，贾先生对胡风很尊重，也很真诚。贾先生和王元化还是有些不一样。王元化和胡风也有距离。王元化的理论素养比较好，他和胡风在理论上有共鸣；但王元化是地下党成员，在1948年胡风写《论现实主义的路》的时候，中共地下党已经把胡风当作敌人批判了。对此王元化不理解，他说胡风最多是有错误，怎么会是反党呢？我听王元化亲口讲过，说他一直坚持自己的观点，在党内也受到批判。所以王元化一直和胡风保持着若即若离的关系。不过贾先生也好，王元化也好，他们对鲁迅都是尊重的，他们也都承认胡风是继承鲁迅传统最好的一个人。胡风和鲁迅一样，独立办刊物，团结年轻人，帮助年轻人走上文坛，胡风的理论也是从鲁迅思想发展来的。在对鲁迅精神的理解和发展上，胡风可以说是做得最好的一个继承者，当然，他们这个圈子里的人，像耿庸、王元化，鲁迅研究都做得很出色。如果从传统的传承意义上说，贾先生是属于这个圈子，属于这个系统的。但他一直在说，我们没法和鲁迅比，鲁迅既懂政治又懂中国，所以他在政治派系里游刃有余。贾先生觉得胡风玩政治是玩不转的，就劝胡风不要卷进政治漩涡里去，但胡风认为自己玩得过来。胡风是不爱听贾先生这个话的。

吴：我刚才说"读小了"还有另外一层意思：在理解贾先

生这样从"五四"那个思想爆炸的年代走过来的知识分子的时候，如果我们将他们的思想资源视作单一源头的话，那得出的结论一定会是片面的。从贾先生的日记里可以看到，马克思主义经典当然对他影响很深，但他同时也喜欢尼采，喜欢陀思妥耶夫斯基等等，他对于西方思想有着浓厚且多元的兴味。那么这些外来思想资源究竟是怎样具体地影响先生的呢？

陈：贾先生年轻时受到西方思想和文学的影响是当然的。他1950年代在复旦开课，除了开写作和新文学课程外，主要讲西方文学、苏联文学，他主要的精力放在讲授外国文学上。曾华鹏先生说，贾先生上课经常是拿了一堆外文书，一面讲解，一面翻译。贾先生早年留学日本，但他的英语是从中学就把底子打好了，当时能像这样跨几种语言上课的老师很少，所以曾华鹏先生说贾先生上课非常迷人。不过奇怪的是，贾先生虽然是英文和日文比较好，但他的兴趣主要在俄罗斯文学。贾先生喜欢俄国革命前后有点倾向革命但又有点颓废虚无的作品，安德列耶夫、阿尔志跋绥夫、陀思妥耶夫斯基这批作家对他的影响是挺大的，这从他的小说创作也能看得出来。受到这批人的影响，他自己的创作中写的也多是较为颓废虚无的人，正面的故事他写得不多。我觉得贾先生对外国文学的兴趣基本同他的性格有关，他不是一个呆在书斋里的学者，当年甚至也没想过会成为一个学者。他虽然也读社会学方面的书，但他读社会学也是为了社会改造，并不是为了学术。因为这种性格，我觉得先生对西方古典文学这些高大上的东西是不大看得上的，我们讲到歌德之类，他都不感兴趣，不过但丁的《神曲》他倒是说过喜欢。我没有具体研究过贾先生所受到的影响，但我认为贾先生受西方思潮的影响和他追求革命、关怀生活其实是一回事，他从西方接受的也是批判社会、追求社会进步的那些东西，不是像乔伊斯那样高蹈的现代主义；他喜欢尼采也是因为尼采批判社会。而且我觉得，他早年追求那种否定的、虚无的文化很正常，那个时代的知识分子，像贾先生这样的人很多，他们就是比较激进，有什么社会运动就去参加，所以他对西方文学的理解和我们现在理解的那种传统的西方文学不一样。而且对于当时像贾先生这样的人来说，我觉得你说的马克思主义也好，尼采也好，其实更多的是一个符号，他们未必真的对马克思主义做过很多研究，也未必对尼采做过很多研究，他们的兴趣在哪里？就在于对社会的批判。他们喜欢一种批判的反抗的态度，希望社会能赶快改变，而且在改变过程中他们往往会倾向极端。像贾先生这样的知识分子在抗战爆发以后大量产生，路翎写的《财主底儿女们》里的主人公大都是这类人。他们大都比较边缘，尽管家庭出身可能是地主或者商人，但在社会中都处在进不了主流的边缘位置。不过到了1950年代，贾先生因为机缘进了大学，我觉得这给贾先生带来了一些变化，朝学院派发展了。

吴：我觉得这是贾先生特殊但又特别有意思的地方。一方面，贾先生是个江湖人，这在他的性格，在他的种种人生选择上都表现得相当明显，而且他也不写什么学术著作，《贾植芳文集》里的理论卷大部分都是序。当然从这些序也可以看出贾先生的学问很好，包括他写的几篇论文既有见地，条理也清楚。另一方面，他又是学院中人，从他的日记里可以看到，复出后的贾先生特别繁忙，既要担任校图书馆馆长、校务委员这样的行政工作,又在现代文学和比较文学两个学科中投入了大量的心力,而且他还不忘继续从事创作,对于这些工作的分配,贾先生是怎么考虑的呢?贾先生又是怎么开始从事比较文学研究的呢?

陈:我先讲图书馆吧。贾先生担任校图书馆馆长,其实是有点落实政策的意思。因为他吃了二十多年的苦,而且在 1950 年代的时候,贾先生又属于参加革命的,他和那些传统的学院派知识分子是不一样的。在被抓起来以前,贾先生是复旦大学中文系的工会组长,类似于现在的工会主席。在 1950 年代的学院建制里,复旦大学中文系主任是郭绍虞,党支部书记是章培恒,然后就是贾先生,他是工会组长,所以他那时的政治地位是高的。

吴:但他不是党员啊,不是党员也可以当红色教授?

陈:当然可以,陈望道那时也不是党员。复旦大学在那时翻译过马列著作的也就是贾先生和陈望道,所以他们都被当作红色教授。贾先生平反之后,学校对贾先生也很重视,他的教授身份恢复了,校务委员、校学术委员等等职务都担任了,但学校总觉得还要给他安排一个具体职务。那个时候,图书馆馆长级别比较高,所以这个职务安排好后,贾先生的房子也马上落实安排了。贾先生原来住在第六宿舍,后来给他安排到十一宿舍,在他上面住的是校党委书记,还有当时的校长华中一,这等于是给他一种特别的待遇了。好像那时也曾经动员他入党,朱东润教授就是在那个时候入党的。贾先生说,他一生都在追求进步,现在已经老了,快退休了,再入党也没有用了,所以他就没有入党。那时我觉得,贾先生年纪大了,就不要去担任具体工作了。大家因为对贾先生很同情（相对来说，对学校官方就多少有点抵触情绪），觉得贾先生受了那么多苦，现在再落实政策也没什么意义了。但贾先生非常通达，他也知道他们是在落实政策，就去上任了（不过也是荣誉性的）。但是在一些关键时候，他还是非常认真地在履职，很认真地在自己的位置上工作。那时正好在兴建现在的文科图书馆，等到大楼造完，他就退休了。

贾先生是我们复旦中文系现代文学学科的创始人。以前没有现代文学这个学科的，解放以后才专门成立了现代文学教研室，然后才有这个学科。复旦中文系现代文学学科除了贾先生，还有方令孺、靳以、余上沅，他们都是作家，另外还有研究近代文学的鲍正鹄，还有一个青年助教王永生。大概最早还有唐弢，不过唐弢很快就调到北京去了，靳以也调走了，剩下的人里面，余上沅教戏剧，方令孺教创作，鲍正鹄讲近代文学，贾先生讲文学史、外国文学和写作。大概一直到1955年贾先生被抓起来的时候，就是这么一个规模。贾先生被抓以后，教研室就是鲍正鹄当家，我们系里现代文学教研室的潘旭澜、王继权等一批老师都是他留下来的。后来鲍正鹄去了北京，方令孺和余上沅也早已经调走，教研室就是潘旭澜老师负责。"文革"后我进大学的时候，潘老师也刚刚被解放，那时他是权威，其他老师还有陆士清、苏兴良、邓逸群、鄂基瑞等，都是后来陆续留校或调入的老师，唐金海、沈永宝还是青年教师。复旦中文系的现代文学实力那时候也非常强，比很多学校要强很多。

贾先生复出以后，先是回到现代文学组，但很快教育部开始试着建立比较文学专业，因为贾先生懂日语、英语两种语言，又教过外国文学，复旦中文系就请贾先生在现代文学组开设比较文学学科。所以，贾先生从事比较文学学科建设不是他的主动选择，是中文系安排的。当时想出国的人很多，比较文学学科与国外联络比较频繁，很多学生出国都是通过比较文学这个渠道出去的，所以比较文学就成为一门显学。比较文学当时没有学科点，它依附在现代文学下面。北大最早提倡比较文学学科的乐黛云教授也是从现代文学出来的，她当时就拉了北大外文系的杨周翰和季羡林两位先生一起提倡比较文学学科，因为这个原因，比较文学学科就一直挂在现代文学学科下面。我们复旦大学倒是有一位正宗的法国比较文学专业出身的林秀清教授，复旦建设比较文学学科，本来应该让林老师来牵头，可林老师是一位法国文学研究专家，她不是很善于打交道的人，于是中文系就找贾先生出来牵头，给他在教育部挂了个比较文学专家的名，很多人就通过贾先生的这个比较文学专业考研出国。后来比较文学这个学科慢慢发展起来，上海外国语大学的廖鸿钧、谢天振他们组建了一个上海比较文学学会，因为贾先生有这样一个特殊的工作岗位，再加上他德高望重，就把他推为会长。那时候属于草创时期，上海就由两位老先生当了领军人物，一个是施蛰存先生，另一个就是贾先生。后来复旦大学也请贾先生当比较文学学科带头人，那时候先生是花了很多时间，做了很多工作的。我感觉先生其实并不喜欢做这个事，他不大去参加比较文学的会，只是因为学校派给他任务，他就认认真真去完成而已。先生投入精力比较多的，是翻译工作。先生的翻译在当时也算是成就比较大的。有一本书叫《中国现代文学的主潮》,就是他带研究生的时候指导研究生做的工作。还有一本叫《文学风格论》,是一本西方人编的论文集,内容都是讲文学风格的。王元化翻译过其中的四篇,这四篇单独出过一本小册子,贾先生就想把其他的论文也翻译出来,于是就组织了一批学生做这件事,不过很可惜,这本书后来没出版。另外,先生那时当了图书馆馆长,可以大量订阅海外研究中国的书,他就叫我每年把和中国有关的书都勾出来,然后订阅并组织大家进行翻译,他当时想按照国别做一套海外汉学史。这个工作当时都已经规划好,也拿到了一个课题,但因为已经有别的学者在做,他们和贾先生沟通,先生说既然已经有人在做,那我们就不要重复劳动了,然后就把我们已经译好的一些文章给了对方,没有继续做下去。不过当时我们这边的力量也确实不够,懂法语的有一个人就是图书馆的王祥,他还找了《萌芽》杂志的编辑曾小逸,后来他出国去了,还有外文系的张廷琛(他翻译过福柯的《性史》),后来也出国了,另外就是谢天振(研究俄国文学),但他主要负责比较文学学会。先生周围大概就这些人。虽然先生有很多想法,但因为身边没有那么多人一起做,比较文学的人力资源也没有配备好,很多事情最终就没能做成。那个时候贾先生又重新开始学习。先生很用功,虽然快七十了,但他从头开始读比较文学的著作,把从王国维、吴宓开始一直到后来戴望舒、傅东华他们几个人翻译的比较文学著作全都读了。那时他认识了香港中文大学的李达三博士。李达三是美国人,在香港中文大学开始提倡比较文学,当时有一批比较文学的学者聚集在香港大学和香港中文大学,有袁鹤翔、周英雄、黄德伟等。李达三对中国很友好,到中国来过好几次，普及比较文学这个学科。他和贾先生关系很好，先生也就通过李达三、袁鹤翔等人，开始对比较文学这个学科有了一个比较完整的想法，并且发过一些文章，现在都收在《贾植芳文集》的理论卷里。先生一直认为"比较"是一种研究文学的方法，比较文学不仅可以是横向的跨学科比较，还应该有纵向的维度，像古代文学对现代文学的影响这样纵向的研究，也应该列入比较文学领域，贾先生自己就写过关于传统与现代关系的文章。他那个时期的论文比较多，包括写留学生的文章也是在那时候写的（这一组文章应该是贾先生在比较文学这个学科里较为重要的文章）。但我的感觉是，贾先生对这些论文并不喜欢。他和我说过，他最想做的事是创作。可是他写了一篇短篇小说《歌声》，被退稿好几次，以后他就不想写了，他就准备写写随笔散文，还一直想写一本回忆录。我帮他做《狱里狱外》的整理工作，他很感兴趣。退休以后，我觉得，他的主要心血都集中在写随笔和整理回忆录上面。

吴：当时比较文学成为一门显学，想出国的人很多。面对这样一股出国热，我想贾先生也会有自己的想法，因为他自己就是个老留学生，对身在他乡的个中滋味和得失是最清楚的。我看他写留学生的那篇文章，感觉先生在出国留学这个问题上的态度比较矛盾，一方面他在回顾历史的同时也在展望新一代的突破，但另一方面他也隐隐约约地提到有些人并没有读书，而是忙着赚钱等等。不过写文章毕竟可能有些顾虑，您觉得先生的真实态度是怎样的？

陈：很多学生出国，是以贾先生为导师的名义出去的，他对学生有很多鼓励。但我觉得贾先生其实不是很赞成这么多年轻人出国。先生周围有好几个青年人出国以后，境况都不太好，先生老惦记他们。有一次密西根大学的梅仪慈请高晓声到美国去，先生就特地跟高晓声说，让高晓声聘用他在美国的学生做翻译。先生就这么老惦记着在国外的学生。那个时候出国不像现在，很艰苦的，所以在出国问题上，先生有些忧虑，他不认为出国一定是非常好的选择。当然他是愿意为学生出国提供帮助的，可他一直担心出国以后经济没了保证，有些本来在国内可以做点事情的人，出去之后反而什么都做不了。

吴：随着政治气氛的松动，贾先生复出后也逐渐开始了同海外汉学家之间的交往，在日记里提到的就有夏志清、白先勇、李欧梵等人。可以说，先生算是当时和海外交流最频繁的学者了。不过中间毕竟有那么长时间的隔阂，当时的海外交流同现在环境大不相同，我也想通过先生这个点来对此了解一下。另外，贾先生自己也带过不少留学生和进修生，对于他们，先生又是怎么看的呢？

陈：那时候来复旦的外国学者有两类，一类是学校或者教育部安排的。当时的外事接待不像现在，因为和西方的接触还很少，对于来访的西方学者，上面还是有考虑的。贾先生算是他们比较信得过的人，很多外国人来了以后，上面就安排贾先生参与接待，或者把他们安排在贾先生门下。这都不是先生主动要求的，而是上面事先安排好，然后就以贾先生的名义出来接待，贾先生只是作为一个偶像被放在那里。你看贾先生日记里记载夏志清来复旦的那段，他写得很清楚。其实贾先生和夏志清是没法有更多接触的，他们想谈下去的时候就有人不让他们谈了，安排夏志清走了，非常微妙。但因为贾先生受过苦，大家都想来见见他，想和他谈谈胡风问题。当时也有好几个外国人没有通过外办，直接就找来了。我记得有一对美国夫妇就是这样，他们在1950年代就研究胡风问题，但那时候没有具体的资料，等到中国开放后他们就来找贾先生，要了解第一手资料，直接找先生讨论胡风问题（这种人会直接到贾先生家里去）。由外办接待的都是官方性质的会见，像白先勇、杜国清他们到复旦来访问，都属于这种。贾先生是个有独立思想的人，有些官方安排的学者与贾先生接触后，关系很好，实际交往也比较多，李欧梵就是其中一个。他是到复旦来做访问学者的。他来复旦的时候，他的那本《中国现代作家中的浪漫一代》已经很红了，贾先生很认真地借来看过，还叫我们翻译成中文。李欧梵来复旦大学是以高级进修生的名义，贾先生名义上是他的联系导师，但他们一见如故更像是好朋友。那时交流比较多的访问学者里，还有一个叫铃木正夫。他是横滨私立大学的教授，是个很认真的学者。他有一个重大发现，他确证郁达夫是被日本人杀死的。当时铃木和另外两个日本学者合作做这个研究，他们到新加坡、印尼去采访幸存的参加过二战的日本军人，最后找到了当年下命令害死郁达夫的人。他和贾先生比较谈得来。贾先生去世后，他还专门到先生的墓地去祭扫。还有山口守，他在复旦大学留学，同时还担任了日语系的外籍教师。但他和铃木不一样，是搞学生运动出身的。他是左派，有点信仰无政府主义，有点社会主义倾向。他在复旦外文系一边教日语，一边从无政府主义的角度研究巴金，写过一篇论《寒夜》的文章给贾先生看，后来收在贾先生编的《巴金专集》里，他们就这样认识了。我也是在贾先生的家里认识他的。他和贾先生有比较密切的师生关系，贾先生去世的时候，山口专程来上海吊唁，很伤心，说贾先生就像他的父亲一样。山口回国以后在日本大学工作，也是贾先生当年留学的学校。贾先生访日的事情，包括翻译等等，都是山口安排的。坂井洋史是1990年代到复旦来进修的，也是因为研究巴金认识贾先生的。他经常在贾先生家里喝酒。贾先生喜欢交朋友，因为他自己留学日本，对日本人还是有些亲切感的，像山口、坂井，都是他的比较年轻的日本朋友。贾先生有一个真正的日本学生叫今富正巳，是他1950年代教过的学生。"文革"结束时，贾先生还没有完全平反，今富就来复旦访问，还带来了他一直保留着的贾先生的著作，连贾师母当时编的一本《北方土语字典》，他都带来了。他来了就向贾先生磕头，对贾先生的遭遇表示同情。今富和范伯群老师他们是一届的，和贾先生感情非常好，不过我没见过他。贾先生是这样的，他看得上的人，只要见过一次面，他就会完全把你当成好朋友，非常亲密地对待你。有些人他不喜欢，就一直很警惕很排斥。日本人里面也有他不喜欢的人，不过我觉得这些和学术没什么关系。

吴：贾先生对香港的访问很有趣，既是学术活动，又比现在一般意义上的学术活动复杂，能感觉到那个时代的紧张氛围。感觉先生就像一个政治符号，出去转一下就是在释放政治信息，说明我们这里也思想解放了，连贾先生这样在政治上有问题的人也可以恢复工作了。对此，贾先生自己心里也是相当清楚的吧？

陈：贾先生到香港去过两次，第一次是去参加香港中文大学举办的比较文学学术会议，那是先生复出后的第一次出访。

当时出国出境办理手续极其麻烦，到他出境的前几天，签证还没拿到。那时候签证要先送英国政府批，英国政府批完送教育部，教育部再送到复旦，过程非常繁琐。当时等教育部拿到签证再寄过来已经来不及了，贾先生没办法，就派我坐飞机到教育部等着，签证下来就立刻飞回上海。那是我第一次坐飞机去北京。后来总算是拿到了签证，我当场就直奔机场，赶上一班飞机飞回来，第二天先生就走了，时间非常紧张。那次出去对贾先生的影响很大，形成了他复出以后对香港、对海外的认识。那时候先生有一大批朋友在香港，就是当年不愿拿日本文凭、与他一起从日本回国的留日学生。先生回国后，到国民党军队里去打仗，另外有一些人从日本回来就留在了香港。这些人晚年经常来往，每周五都聚在一起打牌、聊天、吃饭。贾先生一去，他们就聚会，欢迎贾植芳同学到访香港。这是个人的层面。但确实也有从统战目的出发，把贾先生给宣传出去的意思，新华社好像在香港《文汇报》上还发了一篇文章，介绍贾先生四次坐牢等等。对此贾先生是比较警惕的。贾先生第二次去香港是在1988年，香港中文大学的袁鹤翔请他去小住半月，住在山顶的新亚书院宾馆。那次就比较轻松，没有什么政治性的任务了。那次是我陪先生和师母去的，半个月以后贾先生回来，我就留在那里继续做了四个月的访问学者。那次我也陪先生和师母参加了那些留日学生的聚会。我问贾先生：如果历史从头再来，你还会像过去一样选择回国参加抗战吗？先生就说会的，他说他不喜欢那些留日同学现在的这种生活方式。总的来说，贾先生在思想上很解放，但在外事活动中他是比较谨慎的，他的政治头脑很清楚，处理事情也非常有分寸。

吴：既然谈到香港我们也谈谈台湾吧。贾先生和台湾方面的关系如何？我看日记里面说，和王元化等人商量要引进台湾方面的书等等，可见是做了一些工作的。他们那时与台湾方面就有直接交往了吗？另外，对于1949年跨海赴台的那批文人，我觉得两岸学界对他们认识上都有问题，我们这里往往将他们说成是台湾作家，而台湾的学者强调的则大多是他们在1949年以后的文学活动，这其实都颇为偏狭。但对于贾先生这样的过来人来说，情况就完全不同了，譬如他在日记里多次写到覃子豪，就像是说自己的一位故人一样，语气很亲近，完全没有现在人为设定出来的那些边界。

陈：王元化他们当时搞了个"海峡两岸学术促进会"，是代表官方的。那个时候也没有台湾文学研究，对台湾主要是搞统战。后来两岸关系松弛之后，台湾方面有人直接过来，就相对比较自由，统战功能也相应减少了。因为王元化他们那边没有台湾方面的书籍，复旦图书馆有不少，都是通过贾先生买来的。那时我帮他挑了关于西方现代派的一些翻译著作，主要是外来思潮方面的，像弗洛伊德、叔本华、尼采，还有西方现代主义的很多东西，那时大陆还没有翻译过来。我挑了一些台湾出版的译本，图书馆就买进来，主要也是为了研究外来影响。

贾先生和台湾方面没有直接的联系，只是因为我的关系，他有了一些朋友。我与台湾文学界来往比较早，1988年去香港，我就认识了李瑞腾、林燿德等一批台湾文坛的新锐。1990年代初的时候，林燿德、罗门来找我，我在课堂上请他们做了一次演讲，引起轰动。他们很多人来上海都是我接待，然后我把他们带到贾先生家里去，介绍他们认识，如龚鹏程、林燿德、罗门等等。后来林燿德去世了。罗门一直对贾先生非常尊重。还有无名氏，虽然无名氏和贾先生都在《扫荡报》工作过，但当时并不相识，后来无名氏来上海，我请他吃饭时请先生一起参加，他们才认识的。不过这都是后来的事了。孙乃修写的《苦难的超度——贾植芳传》在台湾出版也是我牵线，在台湾也产生了一定的影响。贾先生1996年到台湾参加"中央日报"副刊举办的"百年中国文学研讨会"（"中央日报"副刊主编、诗人梅新邀请的），那次我陪他去了。台湾那时办会已经按国际会议的程序进行，有规定的发言时间，有讲评人。但贾先生耳聋听不见，发言时间到了，他还自顾自在台上讲。讲评人是尉天骢，他当场拿出先生的传记，赞美先生苦难而高贵的人生，全场掌声雷动。先生什么也听不见，不知发生了什么，后来我告诉他，大家在向你致敬呢。诗人罗门就很激动，跑到先生下榻的宾馆去向先生表示敬意，我记得先生很淡定，就说一句：知识分子就像耶稣一样，总是要一代一代背十字架的。

覃子豪的事情是这样。贾先生和覃子豪是留日时期的同学。覃子豪本来是他哥哥贾芝先生的朋友。贾芝先生年轻时是个诗人，周围有一群写诗的朋友；后来贾芝参加革命，那帮人也散掉了，其中覃子豪就选择留日。他比贾先生的年纪稍大，贾先生到日本以后经常跟他在一起。那时候与贾先生关系比较好的一个叫李春潮，还有一个叫雷石榆。雷石榆的诗在日本很有名，写一些印在明信片上的诗歌，很流行。他们这几个人是一个小圈子。他们那批诗人都是比较浪漫、在社会上也比较动荡的人，贾先生和他们有点关系，但也不算是特别密切。

吴：但贾先生后来回忆覃子豪的散文，我读了之后非常感动，文章的情感极其丰沛，如果不是在写交往很深的朋友，感觉很难写出这样的文字来。

陈：当时覃子豪的弟弟要为覃子豪出一本诗集（好像是在香港三联书店出版），因为覃子豪去了台湾，是蓝星社的著名诗人，在台湾又发表了许多"战斗文学"的作品，当时就没有人敢给覃子豪的诗集写序。他弟弟就找到贾先生，希望贾先生能出来为覃子豪说几句话，贾先生就写了。你看先生的日记里写过这件事，他其实是和雷石榆、李春潮的关系比较密切，与覃子豪倒是没什么太多的联系。但贾先生喜欢打抱不平，他不仅对覃子豪是这样，对很多人都是这样的，比如余上沅。余上沅是南京国立戏剧专科学校的，吴祖光、曹禺都在那里学习工作过，他们和余上沅的关系比较密切；贾先生到了复旦教书以后，余上沅是他的同事和邻居，他们之间才有了一点来往。总的来说，余上沅是属于新月派的，与贾先生没有太多的交集。"文革"结束后，余上沅的夫人陈衡粹要给余上沅出一本论文集，她找曹禺、吴祖光写序，他们都没有写，最后余夫人找贾先生，贾先生二话没说就写了。范希衡的事情也是这样（范希衡也是贾芝的朋友）。其实贾先生和他们的关系都很一般，但是与他们关系更熟的人都不肯写，都往贾先生身上推，因为余上沅、覃子豪等人，都是属于或者受过委屈或者在政治上还不明朗的人。贾先生的文章也确实写得好，这一组文章是他写得最好的文章，他是当成散文来写的，序文不过是个形式。

吴：关于覃子豪，还有一个很有意思的细节。贾先生在日记里写到，在没读到覃子豪那些反共诗的时候，他觉得覃子豪很好，是个非常追求艺术的人，可在读到那组反共诗后，贾先生的评价就完全变了。他说，我们尽管曾经是朋友，但我们再也不可能继续做朋友了。但后来覃子豪的事，贾先生还是很用心地在帮忙，文章也写得很好，这总让人有些不可思议。

陈：贾先生的日记里有很多东西都是在提防被别人看到。那时候的人没有安全感，他担心日记被别人看到以后可能会惹上麻烦。我和李辉最早认识他的时候，他在日记里都不写我们的名字，只写学生小陈、小李。他有一次就和李辉说，这么做就是怕万一再出事情，这样写还能抵挡一阵，只要你们不承认就行。你想他连与学生交往都那么谨慎，遑论其他。所以贾先生还是很警惕的。他自己写文章也怕万一有人上纲上线，就要在日记里再说一下：以前这个人不错，他后来那些反共的东西我没看到过，等等。所以，他写在日记里的有些内容，也不是真心的，只是为了掩人耳目——贾先生有时候记录一些材料的时候，会正话反说，反话正说——他毕竟是有过在胡风冤案中把普通书信上纲上线、罗列为罪证的惨痛经验。

吴：那贾先生留下的材料就太复杂了，我本来以为他可能会把公开发表的部分和私人写作的部分分开，在私人写作的部分里是比较自由的。可现在看来，两方面的内容也可能搅和在一起，而且又根据时事的变化有反复，那想要通过这些来重返历史现场就非常困难了。像贾先生这样具有强烈批判精神、而且敢于直言的人尚且如此，那他的同时代人留下的材料就更扑朔迷离了。

陈：不仅那个时候的文献材料是这样，现在也一样，所有的日记、书信，你都不能完全看成是作者心声的表达。因为这种知识分子的日记和一般老百姓的日记不一样，比方说现在年轻人谈恋爱，他写日记是为了把自己的心绪记下来，但贾先生是一个作家，他写日记是非常有目的性的。很多作家都是这样，他们写任何东西都会想着这个东西以后是会发表的。当然有时候他们也要发泄自己的情绪，但更重要的是，他想要通过这个来记录一个时代的真实面貌。贾先生为什么有的时候要把道听途说的东西也记下来，他就是想要留下这个时代的各种痕迹。他是有目的在里面的，不是纯粹的私人话语。倒是他和贾师母写的信里有很多私人的东西，像布票多少、粮票多少之类的，这些倒是偏向私人性质。不过那里面也有公开的成分，那时候的信件可以说是公开的，因为寄出去的时候有可能要被人看、被人查的，所以其他的东西他也不能写，只能写这些。

吴：贾先生和贾师母的通信给我印象很深。先生说在牢里收到一个寄来的无名包裹，看了里面的东西就知道贾师母还活着，而且已经到达他的家乡。这让我既感动又诧异，他们之间似乎共享了一种可以直接沟通的密码，不用解释就能相互明白。信里的话都是当时的公开话语，都是好好学习努力改造这样的场面文章，但他们却能将自己想说的内容嵌入其中，也不知道他们是怎样在不曾事先约定的情形下做到的。

陈：他们那个时代的人都会这样做，而且胡风分子也都喜欢这样写，很多事情他们喜欢绕来绕去地说，打暗语，起绰号等等。所谓"胡风反革命案"的"证据"之一，就是那些写得含含糊糊的信件。被打成"反革命"之后，他们对书信日记特别敏感，很警惕，当然里面也有很真实的东西。胡适、郁达夫他们那时候也这样。胡适从一开始就觉得自己的日记以后要留下来，郁达夫的日记很多都是他的创作，其实根本就不是那么回事。最有意思的是郁达夫与王映霞的事件。当时王映霞是偷偷离开郁达夫的，她拿了钱包、车票就跑了，但郁达夫在日记里却写自己怎样在南洋的南天酒家宴送王映霞，还赋诗一首，等等，全是编出来的。王映霞后来说，她当时就是偷偷逃走的，完全没有郁达夫日记里描写的那些故事。所以，我们做研究千万不能把书信、日记太过当真。当然也有的人，比如鲁迅，就很警惕，他的日记里几乎都是写今天到哪里吃饭，见了谁，买了什么书，都是类似这样的流水账。鲁迅有很高的警惕性，他故意不记很多东西，譬如关于冯雪峰陪鲁迅去见李立三的事，在他的日记里都是没有的。冯雪峰后来回忆的许多事情，鲁迅日记里都是没有的。

吴：最后请陈老师做个小结吧。对贾先生复出后的学术贡献，您觉得应该怎么评价？

陈：总体上说，我觉得贾先生复出以后的贡献，一方面是在现代文学和比较文学的学科建设上。他为青年作者写了大量的序。在很多序里，他把自己对于现代文学学科的基本想法写下来了。那时我是他的助手，很多时候都是他口述一个大概的意思，然后我起草，写好之后他再修改成文。记得有一次，我们教研室的老师编了一本《中国现代文学词典》，请贾先生写序。先生和我说，"现代文学"和"新文学"内涵是不一样的，现在说的"现代文学"，他们在"五四"的时候都叫"新文学"；真正的"现代文学"应该包括现代所有的文学，应该包括通俗文学、国民党文学、沦陷区文学等等，而这些，我们现在都研究得很不够，所以这本词典不应该叫《中国现代文学词典》，而应该叫《中国新文学词典》，因为"新文学"是从"五四"

传统这一条线下来的。这样的观点，他很早就和我说了，我觉得先生的有些想法是很宝贵的，他对整个学科的建设有自己的看法。

比较文学也是，他觉得要有比较文学的中国学派。当然这也不是他一个人在提倡，那时候很多人都这么说。但贾先生的想法和别人不同，他提出要关注研究钱锺书的《管锥编》，他认为中国的比较文学应该从对钱锺书的研究开始，这好像是他在1990年贵阳召开的"第三届比较文学年会"的闭幕词里特别提到的。我认为贾先生的很多想法都是闪光型的，虽然不是系统的论文，但因为他知识面广，见解深，很多问题都讲在点子上，对学科建设很有意义。所以不能只看文章，因为文章有的时候都是宣传。除了奠定学科基础以外，我觉得先生最重要的另一件事就是培养了很多学生，因为有了先生的培养，我们学科的队伍才慢慢地建立起来。

吴：谢谢陈老师！我今天学到了很多东西。因为时间有限，这次主要集中在贾先生的1980年代，不过我发现，很多东西的源头还是要回到更久远的历史中去追寻。被打上"胡风分子"标签之前的贾先生，其个人性的部分和整个时代话语之间的张力，尤其是从他到日本留学至战争爆发那一段，我觉得还隐藏着很丰富的话题，还有一些很有价值的素材有待挖掘。这可能和我之后的研究有点关系，希望以后还能和您再接着谈。把前半生的部分补上，其实也是对现有的认识版图再打开的过程。我想作为后学理解文学史也好，作为继承先生传统的一部分也好，这样的过程肯定要不断地进行下去，还请陈老师以后多加指点。

对谈时间:2016年6月6日

初刊《南方文坛》2016年第6期,原题为《久别的未曾失去的笔——陈思和谈复出后的贾植芳先生》

百年新文学　百年新发展
——答郭瑾海[①]

上篇：当代文学繁荣的前提

郭瑾海（以下简称郭）：陈老师，您从事当代文学批评已经超过三十年了，可谓见证了当代文学起起落落的漫长历程。回顾您的文学批评历程，有没有令您记忆深刻的文学现象？

陈思和（以下简称陈）：其实，三十多年的光阴，在文学史上只是一瞬间。有时候一个朝代的文学，在某部文学史著作里，不过一两页的篇幅就概述过去了。但是20世纪的中国文学是中国社会从传统农耕社会向现代转型的开端，这个发轫期来得非常猛烈、决绝，辞旧布新之后，开创了一个新纪元。虽然在未来的文学史上，这一百年可能只是一个序幕，但是它的重要意义不容置疑，它留下的很多问题都还没有结论，会引起未来学术界的长期思考和讨论。

---

① 郭瑾海，时为《人民政协报》文化周刊记者。

1977年恢复高考，我是第一届考入复旦大学中文系接受教育，后来就留校任教，研究现代文学。当时的文学创作尚处在"伤痕文学"的草创阶段，但毕竟已经起步。社会正在走向改革开放，以批判"文革"为主题的"伤痕文学"配合了思想解放运动，推波助澜，中国人也逐渐走出愚昧盲从的低谷，所以文学在那个时代产生了很大的社会影响。当下的文学创作与时俱进，迅速反应社会生活的各种矛盾和冲突，唤起人们对生活的思考。这是现实主义文学最有魅力之处。我被这样的文学深深吸引住了，所以从学术研究中转移注意力，转向当代文学批评。

我在考入大学前，曾经在一家图书馆做过书评工作，但正式介入当代文学批评是在1978年8月。当时我的同班同学卢新华写了一篇小说《伤痕》，控诉了"文革"给青年人带来的心灵创伤。小说发表后引起强烈反响，也引起了争论（我与卢新华关系很好，我们不仅是同班同学，而且还同年同月同日生，这是有一点缘分的），我发表评论文章肯定了《伤痕》的现实主义创作方法。这以后，我与当下的文学创作发生了三十多年的交集，文学评论成为我的主要工作之一。

除了"伤痕文学"外，对我来说，记忆深刻的文学现象有过几次：一次是1984年底在杭州参加会议，讨论"寻根文学"（那时候也没有"寻根"一说）。当时张承志发表了《北方的河》，贾平凹发表了《商州初录》，阿城发表了《棋王》等，这些新小说不是按照以往的现实主义创作方法来创作的，却展示了隐藏在生活底层的传统文化碎片。这些奇异的文化现象介入创作以后，在小说美学上产生了冲击力，形成新的美学视野。这个时候西方文论也开始大量被译介进来，西方文化观念与东方文化传统又一次发生激烈撞击，我觉得自己的学术视野顿时被打开了，思想也解放了。

我是在这个时候开始写《中国新文学整体观》的，我找到了一条介入当下文学创作的路径。还有一次是在1990年代初，张炜创作了《九月寓言》，把民间传说、野地趣味、魔幻手法、当代情怀都融为一炉，小说文本里处处散发出奇异火苗。传统的文学批评原则与措辞无法解读这样稀奇古怪但又自然天成的文本。如果说，寻根文学产生的新的小说美学还是粗糙的、人工的，那么《九月寓言》已经形成了炉火纯青的小说美学。我意识到这是一场小说美学的革命，我们需要有一套新的批评观念和批评词汇，才能真正解读这样的作品，以推动文学创作的创新。结合解读《九月寓言》《心灵史》《长恨歌》等作品，我开始建立"民间"的批评观念和文学史观，进而形成了一套知识分子价值取向的言说。

再有一次就是新世纪以后的长篇小说井喷现象。新世纪之初，余华的《兄弟》、贾平凹的《秦腔》《古炉》、莫言的《生死疲劳》《蛙》等一大批作品都引起争议。我从这些作品里看到了现实主义的创作传统经过"寻根文学""民间"书写的洗礼后，分明又回到了作家的创作立场，重新发挥出现实批判的艺术力量。但这又与以前的现实主义有着重要的区别，前者融合了许多新的艺术元素。我把贾平凹的创作归为一种"法自然"的现实主义，把余华的创作归纳为"怪诞"一路的现实主义。在"法自然"的现实主义一路里，王安忆、方方、林白都是代表性的作家；在"怪诞"一路，还有一位作出重要贡献的是阎连科。莫言也属于"怪诞"一路的现实主义作家。是这批作家把当代长篇小说创作推向了艺术的高峰。莫言获得诺贝尔文学奖，可以作为这一高峰形成的标志。我所有的深刻记忆都是与好作品的诞生联系在一起的。好的文学作品刺激了批评家的观念更新与理论创新，批评家的理论探索和创新反过来也帮助了作家的创作。

郭：我发现您的文学研究和文学批评经历很有意思：几乎每隔十年会遇到一批新的作品，然后您从中获得了某种启示，帮助您在理论上获得一次提升。这种创作与批评的关系似乎咬得很紧，也很罕见。我的问题是：从新世纪初到现在又过去十多年了，您觉得是不是又到了一个文学创新的爆发期了？您有没有这种直觉？

陈：这个真的很难说。我在刚才的描述中说了一个现象，不知道你注意到没有？我是1950年代出生的，我所关注的，或者说，我所见证的当代文学的历程，基本上都局限在这个年龄段的作家。我所跟踪研究的贾平凹、莫言、王安忆、阎连科等，基本上都是1950年代生人，最迟也是在1960年代初出生的作家，如余华、苏童等。我眼中的文学史，是这一代人的文学史。如果你去采访比我更年长的前辈批评家，他们的关注点可能与我就不一样，他们眼中的当代文学史，与我描绘的文学史也是不一样的。由此我提出过"要做同时代人的批评家"的观点。因为同时代的作家与批评家是在同一时代背景下成长的，他们的很多思想观点都比较接近，所以批评家能够比较准确地把握作品。但局限也同时存在。批评家对于隔代的文学创新未必就那么敏感。说到这里，我就可以回答你的问题了。

我所见证的三十年的文学，是我们这代作家、批评家从青涩到成熟的整个过程，所以我对这三十年的文学比较理解，看的也比较清楚，往后就难说了。刚才你说到，从新世纪初到现在差不多也有十来年的时间了。这个十来年中间，1950年代出生的那批作家依然在创作道路上发表重要作品，尤其是贾平凹和王安忆，几乎每一两年就会有重要作品诞生，他们依然是文坛的中心话题。但是接下去呢？总是要有新一代的作家继续在创作，继续发展和繁荣当代文学。目前70后作家几乎是一个过渡，我更关注的是，在市场经济、网络文学中成长起来的年轻一代作家。他们已经拥有很多粉丝，也已经形成了相对成熟的世界观和文学观，但是他们的成长与前几代作家的培养模式完全不同。资本渗透到文化市场以后，文学生产机制和作家培养机制都发生了变化，文学的评价机制也相应地发生了变化。目前在文学领域，这些问题似乎还不严重，因为一批资深作家还在发挥中流砥柱的影响。但是在其他艺术领域，譬如影视领域，已经发生了很大的变化。现在媒体已经有不少报道揭露，影视领域乱象丛生，票房、排名、获奖等一切评价机制都可以被金钱收买。资本的力量已经被夸张到无以复加的地步，严肃的艺术劳动不能不受到排斥，被迅速边缘化。而作为影视批评的有良知的声音，被完全淹没在资本宣传的狂轰乱炸中。到处都是粗制滥造的文化垃圾，到处都是受众吐槽的怨声，但如果需要的话，资本仍然可以迅速制造出所谓"繁荣"的神话。

关于这一切新出现的问题和现象，理论界没有很好的关注，也没有直面人生的呼吁和揭露，没有认真的调查研究。我们缺乏自觉面对资本渗透文化领域以后出现的新问题和新矛盾的勇气。从"五四"新文化运动到社会主义文化遗产所形成的传统，如何在今天的新形势、新环境和新媒体下保持活力，继续发挥出积极抗衡的力量，是一个新的课题。如果这些基本前提都没有尝试着去做，空谈"繁荣"是没有意义的。文学的黄金时代肯定不是用黄金来购买的。

郭：您讲得对！"文学的黄金时代肯定不是用黄金来购买的"。那您觉得在新的形势下，当代文学的繁荣有没有前提？或者说还需要哪些条件？

陈：如何才是当代文学的"繁荣"，可以有不同的理解。我这里说的仅仅是我个人的一点看法。从文学史的经验来看，文学繁荣的标志，首先是在短时期内涌现一大批优秀的作家艺术家，为什么是"一大批"而不是个别的卓越人才？记得我以前读丹纳的《英国文学史》里论述莎士比亚的部分时，有如下论述（原话已经记不住了）：莎士比亚时代绝不是只有一个莎士比亚是大师，而是一个大师辈出的时代；在群峦之巅，才有莎士比亚这座真正的高峰。我想任何时代都一样，在一片贫瘠土地上长出一棵大树，不能称作繁荣茂盛；只有大片的森林覆盖，才能被称作自然资源丰富。文化生态也一样的。我所经历的文学记忆中，"伤痕文学"时代，"寻根文学"时代，1990年代走向"民间"，新世纪初长篇小说井喷，都是有一批坚实的作品出现，有一大群作家诞生。我这里说的"一大群作家诞生"，并不是说他们只是自然形态地生存和工作，而是指他们的创作在一个短时期内突然被社会所关注，形成了特殊的文化现象，并且不是昙花一现，而是有较持久的影响力。譬如当年"寻根文学"中出现了阿城、张承志、贾平凹、韩少功、李杭育、王安忆等等，他们大多数属于知青作家（知青作家是更大的群体），但"寻根文学"一下子把他们从知青作家群体里分化出来，迅速建构起新的符号系统，成为一种新的文化现象。"寻根文学"具有强大的艺术再生能力，对以后的"新写实"、"民间"等等都有实际的影响。要在这个意义上理解我说的"一大群作家诞生"。这是证明当代文学繁荣的首要标志。其次是创作繁荣，建构新的美学范式，建构一种新的话语符号系统。刚才我说的从"知青文学"到"寻根文学"，就是改变了一种范式。原来的"知青文学"基本上是沿着"伤痕文学"的现实主义创作方法发展而来的，题材也比较局限，而"寻根文学"虽然写的也有知青故事，但创作方法、审美观念都发生了变化，艺术境界也阔大多了。第三是文化繁荣是整体性的，不会仅仅局限在文学创作领域。标志着创作繁荣的新的文化现象会成为一种思潮，作为一种整体性的推动力量，在影视、绘画，以及其他文学种类、文化思潮中，同时出现反响。文化现象都是互相牵连、互相影响的，背后是整体的思想力的爆发和创新突破，这样才会对社会进步产生强烈的推动作用。

因此说到底，没有思想解放和精神独立，是不可能有孤立的文学创作的繁荣的。不过在某个时代，思想力量不是表现在思想领域，而是通过其他领域曲折地表现出来，形态更加复杂一些，比如俄罗斯革命民主主义思想是通过文学批评来表现的，中国的"五四"时期思想革命是通过新文学运动的形式来表达的，都是这种情况。

下篇：百年新文学　百年新发展

郭：陈老师，您好！近日媒体都在报道您的文集出版并在珠海发布，能否介绍一下文集的情况？

陈：《陈思和文集》七卷本最近由广东人民出版社推出，前六卷是文艺评论集和学术论文集，第七卷是散文和回忆录集。前六卷的内容集中在中国现当代文学领域：一到三卷是当代文艺评论，第四卷是现代文学文本细读，第五卷是巴金研究论文，第六卷是文学史整体观。限于篇幅与体例，我以前发表的学术传记、读书随笔、序跋杂文、文献资料等方面的文章都没有收录；在内容方面，世界华人文学、比较文学与外国文学、教育出版等方面的文章也没有收录。因此，比较确切地说，这套文集是我的文艺评论和现当代文学研究论文的结集。

郭：我知道您有很多学生在出版界工作，您自己与很多出版社也都有过合作。为什么这次文集要放到广州去出版？又是在广东珠海发布？因为你是广东人吗？

陈：广东人民出版社社长肖风华先生是一位很有魄力的出版家，他们策划了一套学人文库，打算推出四十种全国各个领域的代表性学者文集，以纪念改革开放四十年。这可以说是一套集大成的人文社会科学成果总汇。这套文库的第一种书是复旦大学历史地理研究所教授，也是我的前任复旦大学图书馆馆长葛剑雄先生的文集，也是七卷。《葛剑雄文集》出版后，有一次我去广州参加学术活动，遇到肖风华社长，他主动提出给我出版文集。我当时感到意外。在现在出版业不太景气的情况下，出版多卷本文集很可能在经济上要承担损失。我起先有点犹豫，没有马上答应，但肖社长非常诚心。他与陈国和先生都是华中师大中文系的研究生，攻读现当代文学。在读书的时候，他们读过我的著述，对我的学术情况很了解，所以肖风华又通过陈国和与我联系。陈国和怕我太忙没有时间编书，主动承担了编辑文集的工作。后来因为工作量大，我又邀请社科院的一位年轻朋友参与编辑校对文稿。他们三位都是湖北人，我没有想到三个湖北人成全了我与广东人民出版社的一段因缘。我生在上海，在上海生活了六十多年，但原籍是广东番禺，对广东一直有一种"想象中故乡"的依恋情感。这次文集出版，倒不完全是故乡的原因，因为这套文库是为全国人文社科学者出版文集，不是专为粤籍学者策划。刘志荣教授也不是广东人，他从复旦大学中文系调到中山大学珠海校区工作，要举办学术研讨会，邀请我参会，顺便就把新书发布会放到了珠海。这样就成全了我与广东的又一段因缘。第三段因缘是，我没有想到新书发布会开得这样隆重，志荣邀请了在广东的我的朋友郭小东、陈剑晖和宋剑华等学者。我们都是上世纪80年代相识的，那时候我们都被称为"青年评论家"。一晃眼，现在都已垂垂老矣，大家相见，感慨万分，我又一次感受到家乡的温情。

郭： 文集前三卷是文学评论，最早一篇是发表在1978年8月22日对《伤痕》的评论，最近的一篇是2017年4月20日对《芳华》的评论，时间跨度长达近四十年了。您一直坚持在文学评论领域有所开拓，那么在这并不短的时间里，您最深的体会是什么？

陈： 我学习写文学评论的时间较早，开始是在1970年代中期，那时我在上海卢湾区图书馆写书评，不过那时候我也是在当时的主流话语阴影下写作的。这次编文集时我没有收录这些文章，我选了进大学以后为支持《伤痕》而发表的评论文章作为我的学术生涯的起点。"伤痕文学"是思想解放运动的产物，也是"文革"后现实主义文学重新崛起的起点。今年是恢复高考四十周年，明年是改革开放四十周年，我愿意把我的写作道路与这两个历史事件联系在一起。

文学批评，某种意义上说，是主观性很强的写作活动，是有选择的。从1980年代开始，我就一直关注几个作家，几乎贯穿了近四十年的评论。我不是一个来者不拒，什么作品都能够解读的评论家，只有与我的兴趣或者某种隐秘的生命要素吻合的作品，才会激起我阐释的兴奋。我是借助批评诉说我自己内心的某种激情。我曾经把批评与创作比作一条道路两边的树，相看两不厌，一起慢慢生长，不离不弃。我的评论与作家创作的关系，基本上符合这样一种关系。

郭： 1980年代，您主张打通现当代文学，完整地把握20世纪中国文学，并提出了"中国新文学整体观"。在探讨新文学百年的当下，这种"整体观"是否还适合？又该如何来理解这种"整体观"？

陈： "整体观"的提出是在1985年，那时理论界流行方法论。"整体观"也是一种方法，把文学发展看作是整体性的发展。现代文学、当代文学本来就是一个文学史整体，只是被人为分割成两个学科，给研究者带来许多不方便，甚至造成片面性的局限。我把百年文学看作一个整体，很多问题就清楚了。同时，现代文学史是没有下限的，它将会随着时间发展进入新的世纪，甚至走得更远。百年现代文学仅仅是现代文学史的一个开幕式。正因为它具有整体性、未来性、发展性等特点，所以现代文学史是不确定的，随着生活的发展变化，会不断出现新的作家、新的形式、新的文学。我们通过研究未来出现的新文学现象，对整个文学史的认知也会发生变化。所以，现代文学史是一部没有定论、也不可能定论的文学史，这也是我们在1988年提出"重写文学史"的理由。文学史是需要不断重写，不断创新，加入新的内容的。这就是文学"整体观"的基本内涵。

郭：1990年代以来，您在文学史研究中先后提出"民间理论""无名与共名""先锋与常态""潜在写作"等学术概念，产生了很大影响。有人认为，正因为有了像您这样一批学者孜孜不倦的努力，我们学科才有了建构本土话语体系的可能，才有了文化自信的基础。另外，您在提出这一系列自成体系的话语建构时，正是学术界大量引进西方学术话语的时候，来自西方的新名词、新概念一度在中国学术界狂轰滥炸。因此，您这样做有没有纠偏的意思？

陈：那是两回事。我要强调的是，虽然我在文学史研究领域提出过一些有针对性的新概念、新术语，也被有些青年学者接受，但我从来没有自觉意识这是在营造本土话语。像我们这一代从1980年代成长起来的学者，对西方新的学术理论、学术观念，包括一些新的概念术语，都怀着天然的敬意。我们是从一个相对闭塞、自以为是的文化环境里走出来的，当年在大学里如饥似渴地阅读国外理论著作，吸取西方先进理念，树立新的人类理想的学习过程，现在想起来都是历历在目，令人激动。不过我很少直接引用西方的理论术语来解释中国现当代文学，那是因为我的研究都是有意识的从实践出发，在文学实践中发现问题，提出问题，并试图解决问题。我提出的这些理论话语，包括一些文学史研究的方法，都是为了解决学术上的实际问题而建构的。这里当然也融汇了西方理论资源，只是我已经把它们消化了，成为自己的研究视角和方法。譬如对"民间"理论的提出，我讨论的是中国文学史上的问题，但是"民间"理论是巴赫金提出来的，我觉得用来解读贾平凹、莫言、余华的小说特别合适。我讨论"民间文本隐型结构"，是借鉴了西方原型批评的理论，并且举一反三而形成的。其他如法国萨特、加缪的存在主义理论、荒诞理论，弗洛伊德、荣格的精神分析与集体无意识等理论，都是我一向心仪的，也都贯穿在我的文本分析中。我后来提出文学的"恶魔性因素""世界性因素""先锋与常态"，都是来自西方理论和西方文学传统。我有很长时间学习比较文学，学习西方文学理论，只是我不喜欢炫耀，更不会一知半解就拿来套用中国文学。我经常告诉学生，不要把中国文学仅仅当作证明外国理论普遍价值的一个注脚，但不等于我们一定要拒绝西方的理论话语，也不等于我们要拜倒在老子孔子话语的脚下。

郭：不知道我这样理解对不对：百年新文学也是中国传统文化的一个重要组成部分。如果对的话，它如何体现文化自信？

陈：你这个问题提得很好。"五四"新文化运动已经百年。古人说，"百年积德"。也就是说，一百年了，可以积累一点经验了。百年不过三代人，三代人就可以有传承，有发展，传统就隐隐约约地形成了。中国新文化应该是一个学科。我记得在很多年以前,有个朋友与我闲聊时说过这样一个想法,我至今还很赞成:中国应该有一门学科,叫做现代学。现代学的一个主要标志是,它的内容是现代的,语言也是现代的,进而研究问题的思维方法也应该是现代的思维形态。新文学白话文就是一个标志,这是与古典学相对应的学科,它讨论研究的是现代文化的种种方面,包括现代政治、现代经济、现代教育、现代文艺、现代语言等各个领域的问题。这也是指向未来发展的学科。现代学与古典学应该是相辅相成的,但更应该起到主导作用。我们研究学问都应该立足于现代,立足于实践。古代传统在今天的现代社会建设中能够产生积极意义的,才是我们需要继承发扬的优秀传统;如果没有积极意义,那就是死的传统。这是理解传统的关键。在这个意义上说,新文化传统不仅可以被容纳到旧文化传统中去延续香火,开拓未来,而且古代文化传统(旧传统)是通过新文化传统的检验、批判、重新解释以后才得以复活传承,才有新的生命力。这个关系不能被倒置,套用孔子的话说就是"未知生,焉知死"。

再说文化自信的问题。我的理解是,文化自信主要体现为:我们要对国家民族文化有充分的信心。至于我们与世界文化之间的关系,照我的理解,一是"拿来主义",二是多元主义。"拿来主义"是鲁迅提倡的。他大致说过这样的意思:汉唐时代的汉民族文化吸收了大量西域元素,就是因为那个时代中国比较强大,文化比较多元;而到了明代清代,汉民族文化自身衰弱了,才会有意识地拒绝外来强势文化,企图用自我封闭来挽救频临灭亡的所谓本土文化。真正的文化自信要求我们理直气壮地去面对全世界各民族的文化，吸取应该吸取的与时俱进的先进文化营养，抛弃已经过时的封建落后的文化。这样我们才能够平等地与别的国家民族进行对话；其次是多元主义，就是要相信世界文化是多元的。中国文化存在在地球上，就是世界文化的一部分，所以我不太主张用"走向世界"这样的口号，好像中国不属于世界似的，还需要特别去"走"进去，求得人家的承认。各个国家民族、不同文化之间，需要平等交流，世界文化本来就应该大放异彩，而不是以前殖民主义时代所强调的先进文化消灭落后野蛮文化（殖民主义的文化侵略本身就是极其野蛮的）。

郭： 谢谢陈老师！也祝贺您的文集出版。最后您能否对自己四十年的学术道路做一个简单的概括？

陈： 我的学术道路大致分为三个方向：第一，从巴金、胡风等传记研究进入以鲁迅为核心的新文学传统研究，着眼于现代知识分子人文精神和实践道路的探索；第二，从"新文学整体观"进入"重写文学史""民间""战争文化心理""潜在写作"等一系列文学史理论创新的探索，梳理我们的学术传统和学科建设；第三，从当下文学的批评实践出发，尝试去参与和推动创作。总的来说，我很惭愧。我们这代人学习起步太晚，在还没有充分的知识准备的时候，就被时代过早地推到了社会上工作，虽然多了一点阅世经验，但是能够学到的知识太少；恢复高考后有幸在大学里补课学习，但毕竟离一个真正的知识分子学者所需要的学识准备还有很大的距离。我四十年来一直是抱着学习的心态来研究各种学问，这七卷文集也仅仅是我学习过程中写下的一点心得体会，也可以看作是我四十年来的一份作业，今天交卷了。

上篇初刊2017年2月6日《人民政协报》，原题为《当代文学繁荣的前提》；下篇初刊2017年12月4日《人民政协报》，原题为《百年新文学　百年新发展》

八个会议，一个时代
——答周明全[①]

周明全（以下简称周）：我在几种很重要的文学史，以及很多作家、批评家的回忆文章中发现，20世纪八九十年代的文学会议，虽然没有现在这么频繁，但质量都很高，几乎决定了现当代文学的发展范式和方向。作为晚辈，我想请教一下，为什么1980年代的文学会议会有那么大的影响？这和国内开放、西方文学思潮涌进有关，还是另有其他原因？

陈思和（以下简称陈）：1980年代是思想异常活跃的十年。那时候好像还不流行学科的概念，但已经有了许多学会。学会的年会在那个时候也是思想交锋的场所，一般都在高校里举办。同时还有一些民间自发的会议，如一两个杂志社，甚至几个青年教师也能发起一些会议。那时候很少像现在那样发言者在会上拿了稿子念，大家都希望在会上自由发表自己的观点，引起争论，扩大影响，有些论点甚至可以影响到整个学术

[①] 周明全，时为《大家》杂志主编。

发展的趋向。这种自由的精神，争论的风气，对文学、学术发展起了很好的导向作用。一个会议上提出一些新的观点，马上会引起争论和反响，然后就传播开去，然后再发表在杂志上。所以，当时的刊物在学术传播上还是第二步，第一步是学术会议。

总体上说，西方文学理论思潮的引进，对于1980年代思想解放运动产生过极大的推动作用，但是主要的原动力还是在于时代本身走到了这一步。"文革"的文化专制主义严重窒息了中国思想空间，当人们从"文革"的黑暗中走出来后，迫切需要有一个思想觉醒的过程。在恢复了人的自觉，摆脱了人云亦云、不敢独立思考的精神奴隶状态以后，人们对于自由发表自己的思想观点，有着急切的渴望。我认为当时思想解放运动是改革开放的前提，也是邓小平所说的，要"换脑子"。"脑子"不换，再多的钱，再多的权，都不可能把中国人带到改革开放的轨道上去，也不可能导致生产力的大发展、大飞跃。

但是具体到当时的学术会议而言，西方文学理论思潮的影响并不严重，当时人们主要还是面对实际出发，面对"拨乱反正"的现实，需要清理学术领域长期以来种种被遮蔽、被歪曲的问题。大家畅所欲言，或引起争论，或引起思考，或引起反感，都是正常的，都是从生活实际状况出发的。如果从历史发展来看，1950年代以来，开会这种形式就已经成为人们日常政治生活的一个重要形式。用会议形式来传达上面领导层的政治意图，来带动普通群众学习和贯彻，实行思想教育等等，都是常见的工作方式。"拨乱反正"就是从中央召开"务虚"会议开始的。所以人们对于会议的期待，包括对上面精神的领会、小道的传播、民意的测验以及思想观点的发表，都是有特定意义的。1980年代的学术会议在这样的历史背景下发展起来，在思想解放运动中就显得非常重要。

周： 现在的学术会议，会上你好我好，会下称兄道弟，还要发红包拿酬金，所以真正有质量的会议不多。我之前听几个前辈批评家说，他们在1980年代参加学术会议，会上都是剑拔弩张的，抢话筒是常态，总想用自己的观点压倒对方。在1980年代，在会上压倒对方，提出有见解的观点，能一炮走红。是这样吗？

陈： 是这样的。会议形式的重要性从人们的政治生活中逐渐减弱，是发生在1990年代。由于众所周知的原因，人们已经失去了开会的热情，对于会议所要传达的精神普遍感到厌倦，与会者说话也往往是言不由衷，不能够像1980年代那样畅所欲言。结果开会都成了朋友聚会，不同观点的人不愿意在一起进行思想交锋，谁也不想说服谁。所以在1990年代，小型的对话就流行起来。当时关于"人文精神"的寻思，关于一系列作家的研讨，都是由小型的对话构成的。

到了后来市场经济风气流行开来，文学批评也成为一种有偿的劳动，甚至是被某种利益所左右，比如，为了评奖做宣传，为了票房造势，等等，学术让位给利益，开会的意义就越来越淡化了。

周： 那你觉得1980年代的文学会议最大的特点是什么？

陈： 真诚，还有对自由精神的追求。其实当时的会议也是有很多陷阱的，也有人在会后打小报告，对发言者进行陷害。当时很著名的复旦哲学系"七君子事件"，就是在桂林的一个会议上发生的。但是因为社会风气正，人心所向思想解放，反对一言堂和文化专制主义，所以大家都极为真诚地参与会议，讲出自己心里所想的话，那就有价值。我不是说，真诚讲出来的话都是正确的话，当然不是，但是因为真诚，他的话就有价值。

周：你个人认为，1980年代最重要的文学会议有哪些？

陈：你是说文学界吧？全国性的会议当然是第四次"文代会"、第五次"文代会"以及第三届"青创会"，都是有重要影响的官方会议。中等规模的会议，主要在1985年以后，当时刘再复担任了中国社科院文学所所长，他提出了一系列新的学术观点，并且有意识地通过组织学术会议来传播这些新的思想观点。我记得1985年到1986年，先后在扬州、厦门、北京等地都开过影响深远的学术会议，主题都是推动文学理论进展的"新方法"。你说的西方文学思潮的影响，就是在那个时候开始的。到了1986年，在北京举行的新时期文学十周年的大会，刘再复的锋芒就有点下降了，他遇到了挑战。当时有更加年轻、激进的青年学者崛起，发表了更加激进的观点，也引起了更加激烈的争论。还有一种规模更小的会议，都是一些圈子性质的会议，但因为是小范围的，讨论的话题更加集中，意义也更加突出，比如大家一直在说的1984年底的"杭州会议"等等。

周：上次在珠海听你讲起，说自从引进西方学术会议的机制后，很多学术会议就没有了交锋和碰撞，越开越没意思了。这种转变是从什么时候开始的？

陈：就是指现在那种通行的学术会议形式，也是1990年代开始的。开始是我们去香港、台湾参加学术会议,发现这种会议形式与大陆完全不一样,有点像一种小圈子的游戏。每个学者被安排上台做十分钟的报告,如果超时了,主持人就要用钟"叮当"敲一下,给以提醒;后来还规定要用PPT形式,结果发言者就被安排到讲台的边上去了,人们对着空荡荡的讲坛,看着PPT一闪而过。交流也被限定为讲评人似是而非地评价一番,听众则被限定为提一两个问题,都是无法深入讨论的。我的感觉是,这种形式的会议只是完成了一个被规定的游戏程序而已,思想交锋是不存在的,学术交流显然是被庸俗化了的。不能说发表的论文都无甚价值,但是在这样一种被规定的情境下,学术观点也是无法充分展开讨论的。事实上,在这种风气下,学术会议上发表的论文,如果没有公开发表,发言者也是不希望别人继续讨论和引用自己的观点,因为还有保护知识产权的问题。连发言时间也要充分计算好,每一位代表的发言时间都必须一样,否则就是不公平。你想,大家都在这么斤斤计较的"螺丝壳里做道场",怎么会有思想的力量和学术的力量?不幸的是,这种所谓的国际游戏形式很快就传入中国学术界,也成为我们现在学术会议的主要形式与规范。

我这么说也不是要否定现在的会议形式,因为它已经被大家所接受,而且成为国际上学术交流的通行模式,但是说起为什么现在的学术会议影响不如1980年代,那么,会议形式也是其中一个原因——学术会议的形式大于内容。我听到一个笑话:某办会人传授他自己的经验,说办一个会,关键就是要拍照,只要把领导、名流都排好座次,"咔嚓"一下都照进去了,会议就算办好了。

一、1982年海南第二届"中国现代文学研究会年会"

周：1982年5月，潘旭澜先生安排你代表他去海南参加第二届"中国现代文学研究会年会"。在大会的专题发言中，有王瑶的《从现代文学的发展看"讲话"的历史意义》、李何林的《中国二三十年代文艺的总结和其发展方向——纪念〈在延安文艺座谈会上的讲话〉发表四十周年》、樊骏的《近年来的中国现代文学研究工作》、唐弢的《从香港中国现代文学研讨会谈到我的一点看法》、马良春的《由美国研究中国现代文学的一些情况想到的几个问题》、林非的《近年来鲁迅研究的收获以及我们面临的问题》等。你对谁的发言印象最深刻？

陈：1982年5月，我留校不久，才几个月。那时海南岛属于广东省的一部分。第二届"中国现代文学研究会年会"在那里举行，潘旭澜先生是学会的理事，但他不准备去参加会议，让我代表他去。这是我第一次参加全国性的学术会议，而且到那么远的地方，我当时充满了好奇。那次会议的参加者有很多名流，现代文学研究中老一辈的学者，王瑶、李何林、唐弢、陈瘦竹、马良春、樊骏、吴宏聪、陆耀东、吴子敏等等，我都是在那次会议上看到的。会议主办单位是海南大学，老画家卢鸿基在那里工作，而卢鸿基是胡风的朋友，所以那个会上有不少"胡风冤案"的当事人，上海的耿庸、何满子他们都去了。贾植芳先生没有去，但他写了信，把我介绍给他的朋友。我第一次认识何满子他们不是在上海，而是在海南。潘先生也为我写信给马良春，他信中说，让我代他参加理事会，可以旁听。

但是我去了以后没有提出来,只是礼节性地拜访了一下马良春老师。

你刚才例举的那么多大咖的发言,我已经记不得了,好像我就没有听,因为我迟到了一天,所以许多重要发言都没有听到。我印象比较深的是黄修己老师的发言。那时候他很年轻,穿了一件嫩黄的T恤,在小组会上侃侃而谈,内容是讲赵树理与文艺大众化问题。观点很新颖,很引人注目。另外还有一个发言我也留有印象,好像是讨论田间的诗算不算"七月派",发言者是谁已经忘记了,这个题目我后来向潘先生汇报时提到过。潘先生说,田间怎么不算"七月派"呢?他熟练地背诵了田间好几首诗,还分析了这种句法都是"七月派"诗所特有的。我对此留下了深刻的印象。

周:会议的主题是"纪念毛泽东《在延安文艺座谈会上的讲话》四十周年",你提交了《毛泽东文艺思想是党的集体智慧的结晶》,意在强调毛泽东的文艺思想是发展变化的,而不是"凡是派"认为的一成不变。这些前辈对你的发言如何评价?

陈:其实这篇文章不是我个人的观点,以后我没有把它收入个人的文集,但文章是我写的。这里有个背景,在思想解放运动中,有人写文章重新评价毛泽东的《在延安文艺座谈会上的讲话》,态度都是很温和的。《复旦学报》发表了一篇文章,认为《讲话》曾经在抗战中产生过很大的作用,但到了新时期,应该把它看作是一个历史文献。这个观点是得到编辑部赞同的。但是发表以后,马上就受到有关方面的批评,认为这是"资产阶级自由化"的言论。那时候(1982年初)我刚留校不久，我的同班同学张兵分配在学报编辑部当编辑，他把我找去，与编辑部的几位老师一起开会讨论应对办法。结果是让我写一篇文章继续讨论《讲话》的意义，正面来阐述我们（编辑部）对"《讲话》是'历史文献'"事件的回应，文章观点也是大家一起讨论出来的，主要是王华良老师的观点。他坚持认为《讲话》是毛泽东文艺思想的一部分，而毛泽东文艺思想也不是毛泽东个人的思想，而是中国共产党许多领导人长期实践后逐渐形成的马克思主义文艺思想，是集体智慧的结晶，只是用毛泽东个人的名字命名。这里就涉及到早期共产党人萧楚女、瞿秋白、张闻天等人的文艺观点，也联系到1949年以后中共关于文艺工作的指导方针，也包括了周恩来、陈毅等领导人的思想观点。文章最后落实在邓小平在第四次"文代会"上的祝词，就是要体现出这是中共领袖们把马克思主义文艺思想与中国革命实践相结合后产生的集体智慧的结晶，这当然也是指被实践证明是正确的部分。我对这个问题以前没有关注，也没有特别的兴趣，但是我对编辑部老师们的意见是赞同的，于是写了这篇论文，在《学报》第3期上发表了。刊出后还被北京什么报刊转载过。当时因为海南会议的议题与《讲话》相关，我就趁便复印了七十份，自己带过去，后来作为大会论文发到代表们的手里。我没有发言，有些代表看了文章后与我私下交流过。

周：三十多年过去了，你现在如何看待自己当时的发言？又如何理解毛泽东的《在延安文艺座谈会上的讲话》？

陈：因为这篇文章的观点不是我自己研究得出的，所以后来也没有去反省这个问题。不过我是赞同这篇文章的观点，才会把它写出来。即使到了现在，我还是觉得"文革"时期搞个人迷信，无限突出毛的个人成就而贬低党的集体领导，是不好的；把毛泽东文艺思想解释成中共党的集体智慧结晶，是马克思主义与中国实践相结合的过程中不断发展，不断变化，甚至需要不断修正的意识形态，这是比较合乎事实的。不过我还是要说明，这不是我的个人观点，更不是我现在的认识水平下的观点。

周：这是你第一次参加全国性学术会议，这次会议给你最大收获是什么？

陈：现代文学学会的年会，使我有机会面对面地感受到学界前辈的音容笑貌和风采。这个会上，我还认识了一批与我年纪相仿的朋友，如广东的陈剑晖、刘钦伟，《中国现代文学研究丛刊》的编辑廖宗宣，海南的散文家黄宏地，等等。我后来在《丛刊》上发了几篇研究巴金的论文，与廖宗宣的提携有关；我在《海南日报》上也发表多篇散文和读书随笔，也是在黄宏地兄的帮助下发表的。总之，会议的收获一方面是在学术视野上，另一方面是能够结识一些志同道合的朋友。这也很重要。

二、1984 年"杭州会议"

周：1984 年 12 月"杭州会议"前，有哪些"伏脉"？

陈：关于"杭州会议"，谈论的人已经很多了，我以前也说过的。那次会议是小范围的，而且基本上形成一些朋友圈。那次会议不是年会也不是官方会议，而是两个杂志编辑部举办的一部分批评家和作家的对话，讨论的主题是"如何面对当时文学创作中出现的一些新现象"。所谓新现象，主要指的有：贾平凹在《钟山》上发表了一组作品《商州初录》，文体介于小说与散文随笔之间；张承志在《十月》上发表了中篇小说《北方的河》，突出了文化的意象；还有就是阿城在《上海文学》上发表了中篇小说《棋王》，大约还有一些，如郑万隆在《上海文学》上发表了短篇《老棒子酒馆》，李杭育发表了一组"葛川江系列"的小说，等等。这些作品的共同点是：淡化了当时的主旋律，如文学作品要表现现实政治斗争、批判"文革"、批判"四人帮"、歌颂和推动改革开放、歌颂农村的新经济政策、揭露社会现实的各种矛盾等等，更加强化了文化、怀旧、传统等元素，从文化层面而不是在政治层面进行批判，或者未必是批判，更多的是超越现实层面。

当时这类作品也不是横空出世的，之前已经有类似的变化，譬如汪曾祺、邓友梅，以及后来冯骥才的小说，已经有这方面的倾向；诗歌方面有杨炼等人在努力开拓文化意境；视觉艺术上也出现了罗中立的《父亲》和陈凯歌导演的《黄土地》，等等。这是一种整体性的风气变化和艺术创新。更值得指出的是，这次会议所讨论的作家都是青年作家（知青作家），他们中有很多人是"伤痕文学"的参与者，后来都自觉地从"伤痕文学"走出来，转向了"文化寻根"。

周：《上海文学》在其中发挥了什么作用？李子云的办刊方针是什么？遭遇了哪些压力？

陈：具体的会议酝酿过程我不太清楚。据我所知道的，这次会议与李庆西的努力分不开。好像起初是杭州的《西湖》杂志举办李杭育、徐孝渔的作品研讨会，邀请了上海评论家吴亮、程德培参加,他们发表了一些比较新的观点,与李氏兄弟结成好朋友。是他们商量了要举办一个会议讨论小说创新问题。李庆西是浙江文艺出版社的编辑,黄育海也是。浙江文艺出版社也参与了办会,还附带了一点要求,想编一本小说词典之类的书,但是与会者对这个建议没有兴趣,大家议来议去都不得要领,但是会议却意外的成功。《上海文学》杂志上发表了《棋王》《老棒子酒馆》等作品,并且有很强的批评家群体,因此举办这个会的态度肯定是积极的。上海作协党组领导茹志鹃也去参加了。李子云是《上海文学》编辑部的主要负责人之一,她理论造诣很深,年轻时当过夏衍的秘书,与老一辈文艺界领导有很深的关系,与作协现任领导如冯牧他们的关系也很好,所以在上海文艺界她是比较特殊的文艺理论家。在此前,政治上有过一场所谓"清除精神污染"的运动,也是从文艺界开始发起的,《上海文学》上有些作品(如李陀、刘心武、冯骥才等对高行健一本小册子的讨论)也受到指责。李子云还是有压力的。1985年的"文化寻根"思潮可以看做是对"清污"运动的反弹,也可以看做是对"清污"运动的妥协。1980年代,文学是在与种种极"左"路线的斗争中发展而来的。"伤痕文学"是第一波文学高潮,对应了反思"文革"和批判现实,但随着压力增大,紧接着崛起的"反思文学",转而学习西方现代主义文学技巧,产生了现代主义文艺思潮,又因为"清污"运动批判现代主义和人道主义,文学创作不得不向民族文化传统转移,于是产生了"文化寻根"的文学思潮。1984年底的"杭州会议"就是在这个背景下举办的,可谓是得风气之先。

周: 现在很多人理解为是1984年底的"杭州会议"使"寻

根文学"成为一个文学流派，但我看你在《杭州会议和寻根文学》的文章中说，"杭州会议"并没有对"寻根"命名，或者提出类似宣言的倡议。那么，后来为什么会有这样的误解？

陈："清污"的主要矛头对准了人道主义和现代主义，"杭州会议"是在这个背景下举办的。当时讨论的时候，还没有真正意识到"寻根"的意义，但是围绕了《商州初录》《北方的河》《棋王》《老棒子酒馆》等一批作品，大家都关注到以下几个方面：一是为西方现代主义正名；二是为小说形式的实验与探索正名；三是强调民族文化里包含了可以与西方现代主义沟通的基因。讨论这些问题时，许多人的思想空间被打开了，产生了焕然一新的思路，阿城、郑万隆、李杭育等作家都强调了他们的创作与地方文化的关系。至于"文化寻根"的口号，则是在会后才被提出来的，主要是阿城、韩少功等相继发表了鼓吹"文化寻根"的文章。两者当然是有关系的，但也是不自觉的。谈不上误解，还是事出有因的。

周：你在《中国当代文学史教程》的"文化寻根意识的实验"一章中说，"文革"后的文学史进程中，1985年是很重要的一年。这个"重要"，主要体现在哪些方面？

陈：主要是文学的观念发生了变化。"五四"新文学运动以来，文学被理解为一种为人生而斗争的工具，即鲁迅所说的"遵命文学"，后来就被狭隘地解释成为革命政治服务，进而又演变成为政权服务的工具，到"文革"时期达到了登峰造极的地步。"文革"结束后，人们在反思教训时，还是沿袭了原来的思路，如"伤痕文学""反思文学""改革文学"等等创作思潮，仍然是依据为现实政治服务（后来改为为社会主义服务）的原则来进行写作的。但从 1985 年开始的"寻根文学"思潮则强调了文学创作与文化传统的关系,写作慢慢摆脱了为现实政治服务的枷锁,逐步恢复到人性的写作、审美的写作、文化的写作;作家也开始真正沉入到民间日常生活中去寻找创作材料,书写普通中国人的故事。这种思潮到了 1990 年代,就形成了民间写作的创作主流,涌现出一批像贾平凹、莫言、余华、张炜、张承志、王安忆、韩少功、阎连科等真正的优秀作家。这是与"文化寻根"思潮分不开的。

周:1985 年"文化寻根"意识的崛起,是在政治和文化的多重关系下直接带动了文学艺术的实验,唤起作家艺术家对艺术本体的自觉关注吗?

陈:是的。如果要追根溯源的话,新文学运动从一开始就存在了两种启蒙,一种是思想启蒙。文学是思想启蒙的外化形式,鲁迅、茅盾为代表的"为人生"的文学,基本上是这样一个传统。但还有另一种启蒙传统,即美学的启蒙。现代美感通过新文学的形式给以充分展示,培养了现代人的现代审美意识,鲁迅在现代美感形式的创新方面也做了许多工作,也有更多的作家偏重于此道,如废名、沈从文的小说实验,周作人对现代散文小品形式的开拓,等等。"寻根文学"思潮更多的是吸取了废名、沈从文、周作人的传统。

周:西方学界把 1913 年称为"现代主义的摇篮",因为欧美艺术发展到 1913 年的时候,音乐、绘画、科技、哲学、数学、文学,乃至性学与优生学,都出现了现代主义思想动向,艺术中的新观念与日常生活的变革同时并进。我发现 1984 年"杭州会议"之后,1985 年初韩少功等人迅速展开了

"寻根"运动,而这一年文学、音乐、绘画、电影确实都呈现出了新奇的面容。你认为"杭州会议"与"85新潮"之间是否有关联?

陈: 总的来说,是水到渠成,大势所趋,中国文学发展到1985年就必然涌现出这样的变化。这不是"杭州会议"有意倡导的,但是"杭州会议"的参加者们,对于这样的变化大势有足够的思想和艺术上的准备。"杭州会议"是一次预习性的会议,让与会者感受到了时代已经在发生变化,继而他们创作了像《爸爸爸》《女女女》这样的作品。"85新潮"是在一批理论家有意识地推动、鼓吹下开展起来的,其中刘索拉、徐星、莫言、余华、马原等等,都是在这段时期涌现出来的,他们与"杭州会议"没有直接关系,但是有间接的影响。

周: 你在《杭州会议和寻根文学》中说,你当时的发言主要是结合"五四"新文学运动初期的现代主义思潮,说了几点想法:一是西方现代派文学不是现在才传到中国来,而是在一次世界大战以后就陆续传进中国,当时激进的作家如鲁迅、郭沫若、茅盾、田汉等都介绍过现代派文学,接受过其影响,这说明西方现代派文学对中国的影响主要还是进步的;二是在20世纪初的时候,东西方文化都在发生裂变,都在抛弃自己的传统而吸取对方的文化营养,中国在反思传统,打倒孔家店,日本强调脱亚入欧,都在吸取西方的文化营养来壮大自己和改变自己,而西方现代派文学也是在反对自己的文化传统,吸取了东方文化的营养,如美国意象派诗歌吸取过东方俳句的形式,斯特林堡等作家也吸取了东方神秘主义的文化,等等。结论是,我们的创作应该自觉融汇西方现代主义意识与中国民族文化的传统因子，两者可以是相通的。与会者如何看待你的观点？

陈：这个发言是我正在写作的一篇文章，就是《中国文学发展中的现代主义》，当时还只是一个简单的想法。"清污"运动对西方现代主义文学的围剿，主要的批判口径都说现代主义文艺是反动的，反映了西方资产阶级作家的颓废没落，但是我读了一些西方作品并没有这种感觉，相反，感到现代主义文学在思想批判方面极为尖锐深刻，像卡夫卡的小说，萨特的剧本，多好！如果说现代派的绝望，也是针对了西方资本主义社会异化的绝望，我们为什么要害怕？我那时候跟随贾植芳先生做一点西方文学思潮在中国的传播和影响的研究，所以我就提供了一点材料来证明我的想法。没想到我的发言引起了很多与会者的支持和讨论，因此我受到鼓舞；写成文章发表后，又一次受到朋友们的鼓励和赞同。其中李陀对我的支持最大，也最热烈。

周：你是在"杭州会议"后开始写《中国新文学整体观》的，是"杭州会议"给你的灵感吗？你说自己"找到了一条介入当下文学创作的路径"，这条"路径"是什么？

陈：应该不是，"杭州会议"只是给我打开了思想空间。当时我已经在写作《中国文学发展中的现代主义》，但还没有形成系列论文的想法，真正影响我的应该是"厦门会议"。那个会议上，大家开始大张旗鼓地鼓吹文学研究的"新方法""新观念"等，促使我想到了用"整体观"来贯穿和指导 20 世纪文学史的研究。

三、1985 年 4 月厦门大学"文艺理论研讨会"

周：1985 年 4 月，你参加厦门大学举办的"文艺理论研讨会"。我看资料发现，这个会是由《上海文学》编辑部、厦门大学语言文学研究所、福建《当代文艺探索》编辑部、天津《文学自由谈》、北京《文学评论》联合发起的，当时一起参与的发起者还有辽宁的《当代作家评论》，后来退出了。还记得当时哪些人参加了这个会吗？

陈：发起单位有哪几家我不了解。但我觉得，当时起主要作用的是厦门大学的林兴宅老师，背景是中国社科院文学所。刘再复先生担任了文学所所长，这是社科院文学所历史上最为活跃的时期，在学术界的影响也是空前绝后的。刘再复先生出版了《性格组合论》理论专著，发表了《论文学的主体性》等文章，在学术界引起轩然大波，全国学术界都开始响应。刘先生的理论主张是从提倡文学研究"新方法"开始的。具体地讲，在当时被概括为"三论"，大约是"系统论""信息论""控制论"。这些都是自然科学和计算机的术语，刘再复先生用这些科学的概念来解读文学作品，重估文学的价值。林兴宅老师大约是最热烈地响应了刘再复的倡导，他连续发表《论阿 Q 性格系统》《论文学艺术的魅力》等论文，都是讨论文学的不确定效应，被很多人誉为是"文学批评的新方法"。刘再复没有出席这个会议，但社科院文学所有很多人都参加了，《文学评论》杂志社也有很多编辑参加。陈骏涛老师在会上首先宣读刘再复的贺信。这也是当时学术会议经常有的形式：主要的会议策划人躲在幕后不露面，通过一封贺信的形式，为会议定调。因此，在我的印象里，一直以为这个会是社科院文学所参与举办的。至于《当代作家评论》退出的事，我不清楚。1984年是"理论热"，很多省市先后办起了文学理论刊物。这又是一个题目，也值得研究。我记得，除了《文学评论》外，还有福建的《当代文艺探索》、甘肃的《当代文艺思潮》、山西的《批评家》、辽宁的《当代作家评论》、吉林的《文艺争鸣》、山东的《文学评论家》、陕西的《小说评论》，好像也是那个时候办起来的（还有好多）。那些理论杂志的主编和编辑，我应该都是在那个会上认识的。

周： 当时厦门大学语言文学研究所的林兴宅提倡"新方法论"，在会上的发言《阿Q的性格系统》引起了广泛关注，据说很多人的发言都把矛头指向了他。与会者为何要把矛头对准他呢？

陈： 林兴宅老师是唱主角的，他做了主题发言，但是引起很多人的质疑。那时候学术会议形式很自由，没有像现在那样发言都是事先安排好的，谁想发言就主动举手，然后就上讲台讲话（所以会出现抢话筒的现象）。如果一个人在台上啰里啰嗦讲不完，就会有性急的人上去抢夺他的话筒。大家说话也没有讲稿，都是即兴的。记得那天讨论得很激烈，大家主要是质疑自然科学的概念能否解释清楚文学艺术的规律。林兴宅老师舌战群儒，最后把马克思也搬出来了，证明哲学与数学在最高境界上是相通的。但是不管道理上是否讲得通，大家心里很明白，提倡"新方法"的真正动机就是要颠覆"文革"以来在理论领域占统治地位的庸俗社会学的理论方法，以及阶级和阶级斗争的理论方法。对于"新方法"的批评来自两个方面：一种是认为提倡"新方法"还不成熟，有很多问题，还不如回到原来的传统去；还有一种认为提倡"新方法"是不成熟，但通过争论和批评，可以逐步完善起来，何况不管"新方法"是否成熟，我们都不能再回到1950年代到"文革"时期占主流的教条主义和文化专制的时代去，历史已经证明不能再开倒车了。

周：你同意林兴宅的观点吗？

陈：我当时也不怎么赞同林兴宅老师的观点。他强调"新方法"有点走偏锋。那时候人们都喜欢用一些情绪的而非逻辑的修辞来表达理论问题。尽管从立场和正义性上说，他们的理论言说是能够获得大家的理解和赞同的，但是就理论逻辑本身而言，破绽很明显，很多论点是站不住脚的。在"拨乱反正"的特殊环境下，他们的理论观点顺应了时代的需要，受到大家欢迎，但如果社会是正常发展的话，他们的理论也是会被后来者用更为缜密和严谨的逻辑所取代的，但是方向是对的，可以进一步发展。他们有点像"五四"初期的新文学的提倡者，起到一种思想先驱者的作用。可是1980年代中国政治文化的变化实在太快，一切理论都无法有从容的条件去反思、质疑和讨论，随着1989年的风波发生，一切探索性的思想理论都走到了尽头。李泽厚、刘再复包括林兴宅等都是人文知识分子的优秀代表，但他们在思想理论领域的可贵探索都没有完成。从今天的环境下来重新省思这些理论，自然是有很多有待于进一步优化的空间，但是在当时反对教条主义和庸俗社会学的历史条件下，大家对他们的反响是非常大的。我也是读了李泽厚的很多理论著作慢慢成长起来的，我在学术研究中深受他的影响。当初确实有很多人不满意林兴宅提倡的理论观点，也包括用

"三论"来阐释文艺规律。我记得当时我发了一个言,具体说什么已经忘记了,总之是不同意简单化地用"三论"来解释文艺现象。我发完言下来,周介人就对我说:"我听了你的发言,就放下心来了。真担心他们一窝蜂地狂轰滥炸新概念。"我想周介人的态度,也是当时很多人的态度。

周:你自己说在"厦门会议"上受到时潮鼓励,结合自身文学研究经验,写出了《新文学史研究中的整体观》。这文章是会后写的吧?

陈:我在"厦门会议"上原来准备的发言就是《新文学史研究中的整体观》。文章发表在《复旦学报》1985年第3期,是那年5月份出版的。文章的写作时间应该是比较早,我是写好了拿去厦门大学做发言的,但是在会场上受到当时气氛的感染,我就没有读这篇论文,而是做了批评林兴宅观点的发言。后来在北京万寿寺召开的"中国现代文学青年学者创新座谈会"上,我才发表了这篇论文的一部分。但是写《新文学史研究中的整体观》时我没有写一本书的想法,也没有把"整体观"当做方法论,是在"厦门会议"以后,"新方法"铺天盖地,我才比较自觉地使用了"整体观"作为我研究文学史的方法。

四、1985年5月"中国现代文学青年学者创新座谈会"

周:1985年5月,你参加了现代文学学会在北京万寿寺举办的"中国现代文学青年学者创新座谈会"。在会上,你以"整体观"为题发言,和黄子平、陈平原、钱理群的联合发言"论'二十世纪中国文学'"遥相呼应。与会者如何评价你的"整体观"?

陈：我当时只是回应"论'二十世纪中国文学'"的观点。1985年的万寿寺会议是一个比较重要的会议。这是现代文学学会举办的。王瑶先生当时住在医院里，开幕那天，他气喘吁吁地从医院跑到会场，好像还穿着医院里的病人服装。他说了什么话我都没有听清楚（他的山西方言与贾植芳先生的山西方言很不一样），不过我是受到了很大鼓舞。那次会上活跃着一批青年学者，主要就有钱理群、陈平原和黄子平，他们共同提出了"论'二十世纪中国文学'"；王富仁也是很活跃的，他是李何林的弟子；北京还有一个群体是唐弢先生的弟子，蓝棣之、刘纳等，也都很活跃。上海的参加者有我和许子东、王晓明，还有宋永毅、曾小逸，应该还有其他人。钱理群他们提出"论'二十世纪中国文学'"之后有很大反响，接着他们的论文发表在《文学评论》上，随后他们又以"三人谈"的形式在《读书》杂志连载他们的讨论系列，在学术界产生了很大影响。我的发言正好是回应了他们的文学史观。其实，"二十世纪中国文学"就是一种"整体观"，都是反对把近代、现代、当代文学互相割裂开来的。

周：赵园先生把黄、陈、钱三位合著的《论"二十世纪中国文学"》与你的《新文学史研究中的整体观》称之为1985年度"最有分量"的两篇论文，说这两篇论文意味着中国现代文学研究的转型，同时也开启了1980年代中后期现代文学研究的新方法。但是到了1990年代，"二十世纪中国文学"与"整体观"中新启蒙主义的观点开始被质疑。你能谈谈其中的原因吗？

陈："二十世纪中国文学"与"整体观"当时都是作为方法论被提出来的，但是新的概念必然包括新的文学史观。上世纪 80 年代"新启蒙"被提出来重新作为思想界的旗帜，也是在特定历史条件下的话语。"二十世纪中国文学"与"整体观"都是主张打通中国现当代文学史，把二十世纪中国文学视为一个完整的文学史过程。从这种宏观的、发展的角度来看文学史，对一些局部现象可以看得更加清楚，对于文学繁荣期和枯竭期的划分也比较清楚。但我和钱理群他们的理论观点之间还是有些细微差异的，我更主张用发展的未知的态度去看待这部文学史。什么意思呢？就是我认为文学发展到未来会是什么样的形态，我们是不可知的，而且以前的文学形态究竟该如何理解也是处于不断变化中的，远未到盖棺定论的时候。"整体观"的意思就是一个开放的文学发展体系，在下一刻所发生的未知的变化，会导致我们对以前文学史的认识发生改变。这就是后来我们提倡"重写文学史"的思想前提。譬如说，1989 年以后的文学发展，我们在 1980 年代根本无法预知，但是 1990 年代就出现了民间形态的创作，而且蔚然大观。回过头来看，我们对于"寻根文学"的认识就会发生改变，就会发现以前的评估是不足的；以此类推，还会导致我们对沈从文、废名等人创作的意义重新估价。1990 年代都市文学在发展过程中，卫慧、棉棉等一批追求物欲的创作出现了，随之我们对张爱玲以及 1930 年代"新感觉派"等的创作进行了重新评价。1990 年代"新左派"的崛起，对于 1930 年代左翼文艺的评价也会发生变化。总之，一切都没有定论的，文学史必须重写，不断重写，才能适应学科的发展。

周：1980年代，有三部很重要的文学理论经典被翻译过来：韦勒克、沃伦合著的《文学理论》、特里·伊格尔顿的《二十世纪西方文学理论》、佛马克·易布斯合著的《二十世纪文学理论》。这些著作对你们提出打通近、现、当代文学的"整体性"研究方法的探索是否产生过影响？

陈：对我没有什么影响，我在方法上主要还是受到李泽厚的影响。其实我青年时学习马克思主义的辩证法，对我的思维训练很有好处，它让我的思维不会执于某一点上停滞不动，一切都在运动中，运动的每一刻都可能既"是"又"不是"，等等。这些思想方法对我影响极大，在我以后的理论研究中也表现出来。你上面所举例的三种西方理论著作中，韦勒克那本我比较喜欢，后来我当了中文系主任后，还推荐给文艺概论的任课教师，请他带领学生做经典细读；另外两种我都翻看过，没有什么影响。

五、1985年年底长江三角洲的文学研讨会

周：1985年年底，在杭州九溪举办了长江三角洲的文学研讨会，你在会上作了关于王安忆《小鲍庄》的发言。对王安忆的作品的跟踪式阅读即从这个时候开始，此后，王安忆就成了你长期关注的作家。除了王安忆，张炜、莫言、贾平凹、余华等也都是你长期关注、研究的作家。莫言2012年获得诺贝尔文学奖，你还陪同他一起去瑞典领奖了。你和这些作家的互相砥砺，互为激发，长时间共同成长，已成为文坛佳话。那么，你是如何评价这个会议的？

陈：大家现在对这个会议提的不多，但我觉得还是挺重要的。从1984年底的"杭州会议"以后，"寻根文学"，"实验文学"，以及其他稀奇古怪的文学创作都出现了，一批青年作家获得了大家的认同，如刘索拉、徐星、残雪、马原等。莫言和余华差不多也是这段时间发表了重要作品。文学的实验性一下子打破了原来所谓的"现实主义"的一统天下，现代主义的技巧方法与传统文化的结合，使原来受到压制的西方现代派文艺畅通无阻地进入文艺创作领域，而且受到追捧，不断有敢于打破常规的新作家出现，并且受到关注；文艺理论的新方法和"三论"也打破了原来教条主义和庸俗社会学批评方法的一统天下。文艺创作获得了前所未有的繁荣。长江三角洲的文学会议是由上海作家协会、浙江作家协会、江苏作家协会三家联合主办的，某种意义上看，是1984年底"杭州会议"的扩大和后续。不过因为江苏作家协会也加入进来，来了一批江苏的青年作家，我就是在这个会上认识了赵本夫。好像原来"杭州会议"的很多人都来了，李陀等都参加的。

由于这一年来文学创作有了大繁荣的迹象，所以会议开得比较热烈，提倡各种新见解也是理直气壮。因为作家来得多，会议气氛一直比较热烈活跃。那时候开会风气很好，会议很少讨论具体的某部作品，而是作家、评论家一起面对整个文学大势发言、探讨；作家也绝没有在会上宣传自己的作品。你刚才提到我在会上谈王安忆的《小鲍庄》的事，并不是讨论《小鲍庄》，而是在发言讨论"新潮"作品时我所举的例子（其实有好几个评论家在发言时都谈到了这部作品）。我发言结束后，很多人都表示赞成，李陀还说，《小鲍庄》都快成了"显学"了。

换句话说，这个会议是"新潮"文学观念得以普及的会议。最近刚刚去世的作家沈善增，那时候刚在《上海文学》发表了一篇短篇《黄皮果》，他也参加了会议，那时候他还不会气功，一门心思走文学的道路。他在会上听了别人发言后对我说，原来你们讲的"新潮"就是这样的？我在《黄皮果》里早有了。不久以后他主持了上海作协举办的"青创班"，就把我们这些人找去做讲座，要我们"狂轰滥炸"，把学员头脑里的条条框框全部轰毁，他认为这样子才能写出新的"自我"。他这样做是对的，后来孙甘露、金宇澄、阮海彪等一批新人就脱颖而出了。

周：你多次强调，要做同代人的批评家？你如何定义"同代人"？

陈：大约就是在这个时期，《当代作家评论》约稿，要评论家谈谈文学评论的功能（那个时期这类题目特别多），我就提出了一个看法：作家和批评家应该是同一条文学大道两边的树，他们不纠结在一起，但互相关照，互相感应，共同来建设文学。我就是在这个意义上讲批评家和作家的关系的。"同代人"当然不是指代际，而是指生活在同一个时代、环境，面对相同问题的作家和批评家，他们彼此之间更容易了解。当然年龄也是重要的，比如现在要我去解读网络文学，我就不行，虽然也是同一时代的，但生活环境毕竟不一样。

周：这几年，以"代际"来划分作家和批评家，遭到了不少人的批评。你如何看待"代际"的划分？

陈：任何概念和方法都是有自我限制的，不能无限制地放大，从而变成"放之四海皆而准"的真理。其实"代际"在一定范围内考察文学现象是有效的,只是你不能绝对化地套用,形而上学或者教条主义就不对了。大约从"杭州会议"到九溪的长三角会议期间,《上海文学》编辑部理论组周围的青年评论家队伍就形成了,大约也是在这个时段,吴亮和程德培调入上海作家协会理论研究室,蔡翔调入《上海文学》编辑部负责理论编辑,周介人升任刊物副主编。这是上海青年评论家最活跃的全盛时期,理论刊物《上海文论》也是这个时期创刊的。我记得参加"杭州会议"的上海青年评论家是吴亮、程德培、蔡翔、许子东、宋耀良和我,还有南帆,北京的青年评论家是黄子平和季红真;"厦门会议"时参加会议的上海青年评论家还有毛时安、杨文虎、邹平、夏中义、魏威和朱大可(那次好像程德培没有参加);"长江三角洲会议",再加上李劼。其他还有谁,我一时想不起来了,可能殷国明也参加了。也就是说,到了1985年底,上海的青年评论家阵营已经形成了,而且彼此间关系也都很好。大家有争论,但关系很好。这就与代际有关,有代际就有共同语言。学术界也一样,1982年"海南会议"时还没有太多的青年学者,到了1985年的"万寿寺会议",钱理群、陈平原、赵园、王富仁他们都参加了,上海许子东、王晓明和我等也参加了,由此就形成了一个学术群体,彼此关系一直很好,可以说都培养了一生的友情。当然青年学者与青年评论家是两个圈子,彼此交集的大约有黄子平、许子东、王晓明、李劼和我,北京的青年学者除了黄子平以外,基本上不研究当代文学。把这两个青年学人的群体结合起来成为一个大的组合的,是浙江文艺出版社的李庆西和黄育海,他们策划了一套"新人文论"丛书。这套丛书在三十年前显赫一时，三十年后又重新出版了一次，但雄风不再，真正是"廉颇老矣"！

六、1986年海南"青年文艺批评家会议"

周： 1986年5月，在海南由批评家郭小东、陈剑晖等举办的"青年文艺批评家会议"，几乎全国的青年批评家都到会了。我看了名单，上海除了你，还有许子东、吴亮、蔡翔、王晓明、毛时安，广东有郭小东、陈剑晖、殷国明、张奥列、陈志红，北京有张陵、李洁非，福建有南帆、林建法，湖南有陈达专，辽宁有刘齐，新疆有周正保，军队有陆文虎，甘肃有管卫忠、屈选，等等，这些人都是当年很活跃的青年批评家吧？这是"文革"后第一次这么大规模的青年批评家会议吗？这么多青年批评家在一起，很好玩吧？

陈： 对我们来说，是有点好玩。因为这是广东的几个青年评论家自己组织的会议，对我们很有吸引力。1986年算是"文革"结束十年，那时候也算作"新时期"文学十周年。全国各地开过很多类似的学术会议，复旦大学中文系在那年5月也举办了一个"新时期文学十年"的会议，主要是请了复旦大学的校友来参加，据说也是盛况空前。但是我没有参加复旦举办的会，我还是选择去海南参加青年评论家的会议了。这也可以说明"代际"的吸引力。

周： 会议的主题是"我的批评观"，似乎与"厦门会议"有着延续性，讨论的重心从"文学批评和研究的方法"转向了"文学批评和研究的观念"，从"方法"到"观念"的转变，其中的契机是什么?

陈：你说得对！这个会是"厦门会议"的延续。郭小东、陈剑晖参加了"厦门会议"，然后他们就打算在海南岛举办一个"青年文艺评论家会议"。因为人数多，规模大，他们也是第一次办全国性的大会，因此办会者的辛苦是可以想象的。大家都是青年人，也不太在乎物质条件。我只是参加者，具体的会议讨论情况已经记不得了，留下来的全是关于玩的美好记忆。故事很多，今天这种场合就不说了，以后会有人慢慢回忆的。我记不清"我的批评观"是不是当时的会议主题，好像是有个出版社来约稿，要编一本由青年批评家集体合作的书，书名是《我的批评观》。

周：我看当年参加会议的陈骏涛先生说，海南的"青年文艺批评家会议"和1985年的"厦门会议"一样，在中国当代文学批评史上应该可以留下一笔。你认为，"留下一笔"主要指的是什么？

陈：那应该去请教陈骏涛先生。陈先生也参加"海南会议"了吗？他当时是《文学评论》的编辑，负责当代文学方面的。陈先生是复旦中文系毕业的，我的学长，他似乎应该去复旦参加那个"新时期文学十年"的会议的。你还应该请郭小东、陈剑晖写这个会议的回忆，他们都是直接办会者。

周：这个会议达成了什么共识吗？你主要做了哪方面的发言？

陈：没有要求共识，也没有太多争论。都是青年人，一跑到海南岛都性情放开了。我的发言内容忘了，大约也是随便说说的。后来收到《我的批评观》里的文章，是后来约稿了才写的，不是会议发言稿。

周：我看当年的青年批评家阵营中的很多人，后来坚持从事文学批评和文学研究的也不是很多的，这和改革开放后文人纷纷"下海"有关吧？

陈：是这样的，就像马拉松赛跑，跑到最后的总是少数。1990年代是一个大动荡的时代，人文学科几近于崩溃，大批人才流失、出国、改行……而且从事人文学科研究的人员，本身是需要有人文理想来支撑起精神维度的，一旦理想丧失了，这条道路就很难坚持下去。

七、1988年"现实主义和先锋派"研讨会

周：1988年10月，《文学评论》编辑部和南京《钟山》杂志在无锡太湖边上举办了"现实主义和先锋派"研讨会，讨论了"新写实"小说。我看名单，上海有你、吴亮、李劼、毛时安，江苏有王干、丁帆、费振钟、汪政、黄毓璜，广东有陈剑晖、陈志红，北京有朱向前、李洁非、曾镇南、吴方，福建有南帆，天津有汪宗元，陕西有李星，湖北有於可训，辽宁有许振强，河北有刘润为，等等。1980年代"先锋派"在文坛的冲击力很大，但同时，"新写实"小说也一下火热了起来。当时批评界是如何看待这两股思潮的？

陈：文学理论总是滞后的。"85新潮"以后不久，"寻根文学"开始衰落，"先锋派文学"已经崛起，代表作家有莫言、残雪、余华、马原等，仍然坚持了实验性的创作；但另一面，寻根文学内部所包含的一些美学原则，如写小人物、尊重传统

文化、写日常生活等等特点，又派生出一种更新的创作思潮，就是以池莉、方方、刘恒、刘震云等为代表的"新写实"小说。"新写实"与"先锋文学"是文学实验的两个极端。我个人觉得，"新写实"小说的文学史意义似乎更大一些，到了1990年代直接推动了一部分作家的民间创作。在1988年秋天的"太湖会议"之前，我们还经历了中国社科院文学所在北京举办的"新时期文学十年"的研讨会和1987年初中国作家协会举办的"全国第三届青创会"。那几年政治上也发生了一些微妙的变化，这对于文学创作都是有影响的。"太湖会议"原来的主题是想讨论"先锋文学"与传统现实主义的理论关系，但是事实上大家似乎更加关心的是"新写实主义"的创作。那时候还没有"新写实"的明确提法，王干提出"后现实主义"，也有的说是"新写实主义"，说法不一。印象中"先锋文学"似乎已经过去了，讨论没有展开。

周： 我看了《文学评论》编辑部李兆忠的会议纪要《旋转的文坛》。当时王干（《文艺报》）试图用"后现实主义"这一概念来概括近年出现的类似刘恒、刘震云和方方这批作家创作的作品时，你是反对的。你建议大家多谈些具体创作，而且最好从叙述的角度，而不要光从概括的角度来谈论。你把近年来文坛上风行的"主义热"归结为一种"主义情绪"。你认为所谓的"主义"，应当来自不同的人生观、世界观和不同的社会基础，在中国事实上并不存在这样一种条件，因此也就不可能有那么多的"主义"同时存在。我很认同你的观点，但问题是，我们现在的文学史，几乎都是以思潮的命名来书写的。你如何看待？

陈：其实"新时期"早期的文学思潮命名，都是来自作品文本的某些特征，如"伤痕文学""反思文学""朦胧诗"等等。但是随着1985年提倡"方法论"以后，西方的文学理论概念术语涌入中国，覆盖了学院里的学术研究话语。这以后，反而使研究者逐渐失去了概括文学创作的能力。研究者只想套用西方话语，用西方理论术语来概述中国的文学现状。从好的方面说，这是希望在国际学术平台上与西方学者对话，向西方推荐中国文学；从消极的意义上说，基本上只是追随西方理论话语，用中国的文学作品来证明西方理论的正确。所谓"先锋"的理论就出现了这种偏颇，很多学者对西方的先锋主义理论也没有弄明白，对中国作家作品的"先锋"阐述也是漏洞百出。但这种风气逐渐蔓延到大陆高校，一度占了主流的位置，这在台湾、香港高校里也是这样。台湾的文学理论课程，过去都设在外文系，不在中文系；而在中国大陆，中文系的教授们和评论家可能连西方理论究竟是怎么一回事也没有搞清楚，就开始乱套概念，这在1990年代以后的文艺学博士生论文写作中是非常普遍的毛病。我当时与王干讨论的问题，大约也是指这种流行的学风。我希望把这种风气拉回到文本研究中去，但是没有什么作用的，这就导致了以后的文学批评失去了概括文学创作的能力。

周：当下很多人说，现今的批评界没有上世纪八九十年代批评界那种命名能力和概括能力了，是不是和西方思潮自身的衰落有关？

陈：正相反，是因为我们的理论界多年来匍匐在西方话语面前，不敢创新，亦步亦趋，结果失去了在文学实践面前创新话语的能力，养成了华而不实的不良学风。

周：你在会上作了题为"自然主义和生存意识"的发言，把"新写实"小说与西方"自然主义"的某些特征联系起来做了考察。这是居于什么样的思考？

陈：我那篇《自然主义和生存意识》的文章是会后重新写的，是王干约的稿。在"太湖会议"上我大约做了一个类似意思的发言，我的意思是说，我国的现实主义文学本身不是西方的现实主义，而是社会主义现实主义，也就是在描写现实的背后受制于一个更高的政治使命，这样的现实主义实际上是违背现实真实的。新时期"拨乱反正"以后，文学背后的政治使命淡化、弱化之后，所谓的现实主义反映社会本质的特性被证伪，那么，现实主义创作方法就还原到追求客观的表象真实；作家的主观感情（爱憎）被消解，那么，就还原到所谓"零度创作"等等的说法；还有，文学"为人生"的现实战斗精神被取消，文学热衷表现日常生活，那就是从"为人生"退回到"为生存"（食色）。这些特征必然是回到西方自然主义文学的范畴。不过我并没有否定自然主义文学，我喜欢西方左拉、莫泊桑这样的自然主义作家。

周：这个会给你最大的触动是什么？

陈：这个时候，让人眼花缭乱的"新时期"文学似乎已经快走到头了。整个文坛从揭批"四人帮"、控诉"文革"的"伤痕文学"开始，发展到大力批判社会保守势力与官僚体制，推动改革开放的"反思文学""改革文学"，随后"寻根文学"异军突起，立刻分化为"先锋文学""现代派"文学以及"新写实"文学，"新写实"小说里又派生出以王朔为代表的下层市民文学，等等，再随着市场经济的推动，大众通俗文学也开始在地面涌现——原来文学传统中的许多元素已经被慢慢地消解了。"新时期"文学批评和文学理论没有缺席，一直在跟踪文学创作，及时发出声音去批评，以推动文学创作的进步。那时候几乎没有功利性的文学会议，没有为某个作家造势的会议，更没有那些发红包、为资本打工的文学会议。批评家的劳动价值和自我价值以及尊严，都被充分体现了出来。

八、1989年《人民日报》文艺部举办的研讨会

周：1989年1月，你在苏州参加《人民日报》文艺部举办的研讨会。会议期间，东道主安排了一场对话，你和高尔泰、雷达、王晓明讨论了文学的价值。当时主要讨论了什么？

陈：在1980年代我所参加的会议中，我自认为"苏州会议"是规格最高的一次会。我这么说，是不包括全国"文代会"之类的大会的，我指的是，"苏州会议"把当时一线重要作家都请来了。王蒙、李国文、从维熙、张洁、谌容、蒋子龙、高晓声、陆文夫、石言等等，应该还有很多作家，我一时想不起来。这么多重要作家与我们面对面地讨论文学创作问题，而且那时候开会往往一连好几天。评论家被邀请的并不多。在这个会议期间，《人民日报》文艺部的高宁又搞了一个"会中会"，让雷达、高尔泰、王晓明和我作一个"四人谈"，主要就是谈当前的文艺创作的问题，没有设主题，但是我们的对话反映了那个会议中讨论的一些问题。那篇讨论稿后来根据录音整理出来，发表在《人民日报》文艺版。我把它收录在论文集《笔走

龙蛇》里，你可以去找来看一下。

对话里有些争论，主要涉及到文学的价值问题：是启蒙文学所强调的思想启蒙，还是更强调审美艺术，我是主张后者的。雷达和高尔泰更强调前者。这是我第一次面对面地与雷达、高尔泰谈文学，而且谈得很尖锐。可惜这也是唯一的一次。1990年代以后，我们严肃地讨论文学问题的机会就很少了。

初刊《大家》2018年第3期，原题为《八个会议，一个时代——陈思和口述上世纪80年代所参与的学术会议》

学术是我安身立命的基本立场
——答舒晋瑜[①]

记者采访手记：上海书展期间约访陈思和的时候，我还没有想到某种巧合。事后才发现，四十年前的 8 月 22 日，他的第一篇评论文章发表在《文汇报》。至 2018 年 8 月，陈思和走过了评论生涯四十年。从巴金无政府主义的理想道路，到贾植芳苦难而高贵的人生道路，鲁迅、胡风、巴金等知识分子的人生道路对陈思和有着强烈的吸引力；同时，周作人、沈从文、老舍一路的风格也让他心生欢喜。当然最为重要的是，在他的学术道路和人生道路上，身边一直有贾植芳先生直接的人格榜样做引导，陈思和的学术道路才走得踏实而稳健。在他心中，"知识分子"的分量重如泰山。

陈思和不是一个来者不拒、任何作品都解读的评论家。只有与自己的兴趣或者某种隐秘的生命要素吻合的作品，才会激起他的阐释兴趣。他曾经把批评与创作比作一条道路两边的

---

① 舒晋瑜，时为《中华读书报》记者。

树，从小树到大树，再到枝叶繁茂，"相看两不厌，一起慢慢生长，不离不弃"。

他在借助批评诉说自己内心的某种激情。他说，作为批评家，这是一种局限。我却恍若觉得，他并不止于批评家，他才是真正的作家，而那些被评论的作品，只不过是为他的思想和表达作注脚。

"我仿佛是一只深埋在土中的蛹，生命被裹在天地自然之中，拼命吸吮土里的营养、树根的汁液以及承受阳光雨露的照拂滋润。"陈思和以诗意的描写回顾他在复旦大学的学习生涯。他的学术人生正是在这种自由的空气中起步的。

舒晋瑜（以下简称舒）：您和卢新华是大学同学，又最早写过《伤痕》的评论文章。可否谈谈你们的交往和当时的文化背景？

陈思和（以下简称陈）：新华和我同列复旦中文七七级，而且是同年同月同日生。他的《伤痕》最早刊于第四宿舍壁报，引发热烈争论，有支持也有批评。我是支持《伤痕》的。这篇作品感动了我，让我突然觉得以前盘踞在头脑里的条条框框被打破了——原来文学还可以有另一种写法。我觉得文学可以有新的追求，虽然追求什么讲不清楚。我写了《艺术地再现生活的真实——论〈伤痕〉》，发表于1978年8月22日的《文汇报》。

舒：在此之前，您写过评论文章吗？

陈：进大学以前，我在卢湾区图书馆初学写书评，教材就是以群主编的《文学的基本原理》，还是教条主义的那一套。进复旦以后，自由讨论的学术空气才让我慢慢摆脱主流意识形态话语，走上了独立思考、自由写作的道路。1979年，我参加了《光明日报》副刊发起的关于刘心武的小说《醒来吧，弟弟》的讨论，我指出刘心武小说概念化的问题，试图分清《伤痕》表达的"伤痕文学"的真实观与《班主任》开始的"反思文学"的真实观之间的差异。这些差异，在当时我只是朦胧意识到了，但并没有清楚地给予理论阐释。二十年后，我主编的《中国当代文学史教程》里，才把伤痕文学与反思文学之间的差别，从理论上分清了。我的学术起点正是复旦大学最初两年的基础学习，从那时候开始，我在学术思想上没有太多的条条框框，思想是自由的。

舒：您是高考恢复后第一批进复旦大学的学生，大学带给您什么？

陈：可以说，复旦大学重新塑造了我。大学给我很多方面的资源，最宝贵的就是一种大气象的彰显。如果不进复旦，我可能走的是另外一种道路。首先是复旦校园的思想解放运动，比如中文系产生了"伤痕文学"，直接把我引向当代文学批评的道路；其次是复旦大学拥有贾植芳这样的人生导师，直接引导我对现代知识分子道路的自觉实践；第三是复旦大学的学术气氛鼓励我与李辉合作研究巴金，开始了新的人格理想的培养。我的人生学步阶段就是这样在复旦大学的人文学术空气中完成的。大学一年级下半年，我感觉整个人都变了。

舒：您也曾多次提到过导师贾植芳对您的影响，能回忆一下你们的交往吗？

陈：贾植芳先生受到过胡风案牵连，后来经历"文革"劫难，受迫害长达二十多年。但他是个坦荡的人，能够通达地放下自己所经受的苦难，从来不会在一些文人经常纠缠的小节上计较是非。贾植芳为我树立了一个活生生的榜样，他是受难的知识分子的代表，九死一生仍然不断地追求精神理想。先生一生最重视的是知识分子的称号，这是他自觉履行"五四"新文学精神使命的最根本的动力。

我们几个学生经常在他的小屋里喝酒聊天。贾先生对我们讲了很多现代文学的历史。胡风在1930年代坚持鲁迅精神，通过编辑文艺杂志来培养年轻作者。贾植芳通过投稿结识了胡风，胡风对他提携很大。胡风和鲁迅又是亦师亦友的关系。当时我听贾先生讲胡风时说"我那朋友如何如何"。你能感受到他在讲胡风事件时，不是在讲书本上的历史，而是活生生的历史；他说起鲁迅，总是称之为"老先生"，因为鲁迅对他而言，也不是书本上的鲁迅。这和我们隔代读鲁迅的感觉很不同。贾先生讲给我的现代文学，是人和事血肉相连的现代文学，这本身就是一种学习过程。我常会出现一种幻觉：鲁迅、巴金对我来说更像是前辈，不是研究对象；新文学像一条磅礴大河，把我淹没过去，我是水底的一个生物，河水淹没我，也把我带到远方。我把自己纳入到知识分子的传统谱系，也在奉献自己的力量。有些学者把研究和学习分得很清楚，对我来说不是这样。我要向研究对象学习，要了解他们是怎么想的，怎么做的，把我的学习体会放进去。贾植芳不是一个随风倒、或跟着风向走的人，他始终有自己的思想、自己的立场和自己的风格。在他身边，我开始知道应该怎么选择自己的道路。我研究巴金，巴金有遥远的、高尚的人生理想，这个理想达不到，所以巴金很痛苦；而贾植芳是个通达的人，但有风骨、有立场。

他们对我都有影响。

舒：为什么研究巴金成为您的学术起步？

陈：我当时的动机，是想探讨巴金作为一个信仰无政府主义的作家，为什么能够在现代中国社会急剧变化中走到思想的前列，成为当代知识分子的杰出代表？这涉及到一个与正统的文学史叙述不一样的另类叙述系统。从巴金的激进自由主义创作进入文学史，再整合到鲁迅—胡风的左翼文艺传统，再带动整个知识分子的道路研究，这是我后来研究文学史的一个基本思路和方法。安那其乌托邦理想以及打破国家机器的学说，站在弱势群体一边的边缘立场，培养人性化伦理的个人修身理念，都给我带来深刻影响。巴金称克鲁泡特金的《我的自传》为"一个人格的发展"，我后来写《人格的发展——巴金传》时，也用了"人格的发展"为题，同样我的人格发展中也吸收了无政府主义学说的许多营养，这是我必须表示感激的。我和李辉的合作研究得到了贾植芳先生的具体指导和支持，第一篇讨论巴金的无政府主义思想是否有进步性的论文，由贾先生推荐给《文学评论》编辑部的王信老师，又经陈骏涛老师的编辑，建议我们改成读者来信，在1980年第3期刊出。巴金先生读了这篇文章，明确支持我们的观点。这是我们追随贾先生与巴金先生的道路的开始，也是我的学术道路的开始。

记者采访手记：从性格上来说，陈思和并非是一个赶潮流的人。但是在当时火热的文学研究氛围中，他被裹挟着往前，和当时国内一批新锐批评家一道，开创了那个时代的文学黄金期。

舒：您在学术上刚刚起步时，遇到了思想解放运动。能谈谈当时的情况吗？

陈：恢复高考是改革开放的先声，它把年轻人的积极性调动起来后，转向了追求知识。我本性不喜欢赶潮流，这是唯一的一次赶上了，这对我的思想、世界观的形成，包括对后来的人生道路，都有很大的影响。在那个时候，学术新人的大胆探索得到了时代风气的鼓励。

那时的学术界有两个圈子对我影响比较大。一个是《上海文学》编辑部，常务副主编、评论家李子云、周介人培养了一支年轻的文艺评论队伍，我们每隔一两个星期就会聚在一起开会，参加有王晓明、许子东、李劼、宋耀良、夏中义、吴亮、蔡翔、程德培等。吴亮是从读哲学开始走上批评道路的，没有经过学院的训练，他的充满辩证的思维特征给我的影响很大。在这里，评论家们形成了一个圈，这个圈是有标准的，譬如我们当时对张承志的小说就非常推崇。还有一个是北京的学术圈，如北大的黄子平、陈平原、钱理群等，还有王富仁、吴福辉等，他们的文章当时我都非常关注，那主要是现代文学研究领域。《巴金论稿》之后，我的研究目标转向了20世纪中国文学史。

舒：这一转变有何机缘？

陈：当时受李泽厚先生的影响。他在《中国近代思想史论》的《略论鲁迅思想的发展》一文中，描绘了中国20世纪六代知识分子的发展轨迹，给了我全新的视角。我想把它引进文学史研究，这样必然要把现代文学与当代文学打通，把20

世纪文学史视为一个整体。自 1950 年代始，现代文学学科已经初具规模，各高校中文系不仅开设相关课程，编写文学史教材，还建立了现代文学教研室，现代文学学科里又派生出当代文学。1984 年的杭州会议促使文学寻根创作思潮的产生，1985 年的厦门会议、扬州会议等，又推动了文艺界的思想解放，鼓励文学研究者冲破思想牢笼。1985 年 5 月，中国现代文学学会在北京万寿寺举行"青年学者创新座谈会"，我的发言和北大的黄子平、陈平原、钱理群的联合发言《论"二十世纪中国文学"》不谋而合，我们都主张打通现当代文学，把"二十世纪中国文学"视为一个整体，完整地寻找和发现 20 世纪文学发展的规律和教训。我的文章题目是《新文学史研究中的整体观》，杭州会议上我的发言题目是《中国文学发展中的现代主义》。两个会议引出了我的两篇文章，都是以"五四"新文学传统为参照来论述当代文学的经验教训，由此形成我的第二个研究系列，后来陆续写出《中国新文学发展中的忏悔意识》等七篇系列论文，编成第二本著作《中国新文学整体观》。

舒：这本书也是您探索文学史理论的代表著作。

陈：现在看来是很粗糙、很不成熟的，所以后来一直想重写或者做重要修改，但《中国新文学整体观》决定了我的学术研究的基本经纬：一是把 20 世纪中国文学史作为整体来研究，不断发现文学史上的新问题，并努力通过理论探索给以新的解释；二是关注当下文学的新现象，关注中国新文学传统与现实结合发展的最大可能性。20 世纪中国文学史是我的学术研究的经，当下文学的批评和研究是我的学术视野的纬，在纬度上我尽力扩大研究领域，对台湾香港文学、世界华文文学、中外文学比较，甚至外国文学等等，我都尽可能去学习，逐渐扩大自己的研究领域。在继续开拓的思考中，我越来越感觉到原来作为中文二级学科的现代文学的基本框架与文学史理论都存在严重的局限，摆在我们面前的只有"重写文学史"。

舒： "重写文学史"的原则是什么？

陈： 以审美标准来重新评价过去的名家名作以及各种文学现象。在中国新文学史上，出现过许多真诚的作家和影响重大的作品，但并没有处理好审美中介这一环节。时间是无情的，随着社会变迁和价值标准的转变，他们在文学史上的地位已经变得不再重要了，甚至他们的作品无人问津。这是一个非常严峻的问题，我们每一个从事新文学史教学的大学教师都会碰到这样的事情：当在课堂上讲到有些文学史上的著名作品时，不管你是极力称赞还是批评，当代大学生的反应都极其冷漠，他们不关心你的具体结论，因为他们对这类作品根本就失去了兴趣。这是我们必须正视，并给以解答的问题。如果它们确实是不值得再读，那么我们就没有理由作为一门课程的内容，去强行规定大学生们阅读。不过我这里说的审美标准，不是纯美标准，文学作品的审美当然是包含了重大思想与时代信息的。

记者采访手记： 和贾植芳先生一脉相承，陈思和同样把"知识分子"看得很重，也一直在尝试知识分子在当代社会生活中的承担。1980年代以后，陈思和主动尝试各种各样的事情，包括学术、社会活动和出版工作，主推"火凤凰丛书"，担任学校的人文学院副院长和中文系主任。

舒：在您的学术经历中，学术思想和学术道路发生过怎样的变化？

陈：我在1989年写的《"五四"与当代——对一种学术萎缩现象的断想》一文中，开始对"五四"的启蒙思潮进行反思。这是我的学术思想的一个变化。那时候我开始意识到，一个知识分子应该分清自己的社会责任与学术责任。社会责任驱使我们对社会上发生的每一件事表明自己的态度，以人类的良心来抨击不义现象，促使社会进步；学术责任则要求我们在本职工作上成为佼佼者，坚持学术高于政治，文化大于社会的原则，维护学术的独立性与科学性。这是并存不悖的两种使命。根据这个想法，在1990年代，我进一步提出了知识分子的岗位意识问题。当时我觉得，"五四"时代的许多思想、精神都束缚了我们的眼界，但它已经成为当代学术所要努力恢复与发扬的最高目标。这样子下去的话，当代学术的萎缩是必然的事。这里涉及到很多问题，包括对于传统的重新认识，对于知识分子广场意识的反思，对于西方思潮的消化与批判接受，等等。唯有认识了它的局限，并超越它，才有可能使知识分子摆脱历史的怪圈，走上新的路。但是后来因为学术风气发生逆转，1990年代保守主义思潮、国学思潮、新左派等等都合力围剿"五四"精神传统，所以我就有意不再提反思"五四"精神了。我觉得即使"五四"精神的缺点再多，也是战斗的、前进中的缺点，是可以克服纠正的，而那些批判"五四"的言论，很多都是复古倒退，或者趋时趋左，反历史潮流的。我不想再去添乱，于是我转向了社会实践。

1994年，我与王晓明合作筹办了"火凤凰新批评文丛"，产生了另外一些影响。我的学术道路也大致形成了三个方向：从巴金、胡风等人物传记的研究进入以鲁迅为核心的新文学传统的研究，着眼于现代知识分子人文精神和实践道路的探索；从新文学整体观进入重写文学史、民间理论、战争文化心理、潜在写作等一系列文学史理论创新的探索，梳理我们的学术传统和学科建设；从当下文学的批评实践出发，尝试去参与和推动创作。如果说，第一个方向是作为现代知识分子追求安身立命的价值所在和行为立场的话，第二个方向就是建立知识分子的工作岗位和学术目标；那么，第三个方向则是对于文学批评的"事功"的可能性探索，它既是我们对社会生活的理解和描述，也是试图改变当下处境的一种努力。

舒：1990年代，您和王晓明等人发起的"人文精神寻思"的大讨论，在社会上引起很大反响。现在您怎么看待当年的讨论，那场讨论对知识界有何意义？

陈："人文精神寻思"的讨论，是王晓明提出来的，他邀请我一起参与讨论，主要参加者还有张汝伦、高瑞泉、许纪霖、朱学勤等人，后来沈昌文先生又加入了，在《读书》杂志上进行延续性的讨论。因为引起了很多反对的声音，才构成了较大的社会影响。这场讨论后来由王晓明编过一本资料集，可能更能够说明问题。我当时发现，参加讨论的人对"人文精神"的理解都不一样，总的来看，是知识界对于中国刚刚掀起的市场经济大潮不适应，对于商品经济导致的社会效果表示了忧虑。这些看法，虽然在当时的情况下有些超前和敏感，也引起了很多反对的意见，却没有人真正地重视它。其实，从实践检验真理标准的角度看，"人文精神寻思"讨论中被提出来的问题，后来都不幸被言中——从新世纪以来中国社会道德底线几近崩溃，资本利用权力阶层迅速占领社会经济文化各个角落，几乎颠覆了一切社会正常运作秩序，以及目前大量舆情所关注的问题，就是人文精神严重缺失所造成的。从当时来看，这些声音显得不合时宜，比较微弱，很快就被边缘化了。但毕竟留下了一些清醒、理性的声音，作为一种思想资料，以后会被人一再提起的。

舒："人文精神大讨论"二十年后，曾有媒体试图以纪念的形式再掀起新一轮的讨论，但结果不如人意。您怎么看这一状况？

陈：好像没有这么夸张。当时只是陆灏个人的一点兴趣，他把我们几个人召集起来，搞个座谈，想做点回顾和纪念而已。座谈纪要发表以后，好像还是有很多人看到并有所反响，不过媒体没有继续往下做。

舒："重写文学史"之后，您还主编了《中国当代文学史教程》，并主持国家社科项目《20世纪中国文学史理论创新探索》，做了很多颇有影响的学术工作。您也做过很多选本，在当时引起过较大反响。

陈：我在1990年代与张新颖、郜元宝和李振声三位一起策划编过一套《逼近世纪末小说选》，那是颇有影响的。新世纪以后，又策划编过一套九卷本的《新世纪小说大系》。当初的想法，就是想改变以往的模式。大系里有武侠小说、科幻小说、校园小说……网络上流行的都有。第一是这些作品质量不错，不是我们想象得那么差；第二是我认为类型小说需要和主流文学沟通，否则不能体现文学选本的全面性。我编选本，就是希望质疑当下的文学秩序。今天的时代是大变化的时代，如果对网络小说、类型小说发展这个大潮流视而不见，也会觉得以偏概全。在编完《新世纪小说大系》后，我写了篇后记，故意把编入作品的一百六十位作家的名字全部列上去，发现一半是以往文学史上不见的——一方是王安忆、莫言、余华、方方等传统作家，一方是南派三叔、天下霸唱等等，两个系列的名单放在一起，完全是分裂的。我感觉非常兴奋，像1949年开文代会一样，两路人马都汇总在一起了，能从中看到今天的文学局面与上世纪的新文学完全不同。

记者采访手记：陈思和的专业是现当代文学，他的学术也主要探讨从"五四"以来知识分子的道路。对文学史的梳理之外，他通过对莫言、贾平凹、王安忆、余华、严歌苓等作家作品的研究和评论，推动作家们的创作。

舒：您认为自己的批评是怎样的风格？

陈：我在长期的批评实践中逐渐养成了自己的倾向：批评者与批评对象完全是平等的对话，批评者不是居高临下的指导者，而是作品的阐释者和解读者。也就是说，批评者首先是在作品里找到了真正的"知音"，通过阐释和解读，表达了批评者对生活的看法。所以我的评论主观性比较强，有时候甚至会出现研究主客体不分的问题，我很难说自己是在做研究，而是把自己的学习、研究和探索饱满地交错在一起。理论色彩在我这里不是很突出，我的评论带有一点感情色彩，有人文的追求。这里有一个很重要的因素，我觉得一个评论者首先是社会生活中的人，是有感情、有观点、有生命力的人，他不能脱离生活环境，他的评论工作只是依托了作家的文学创作来表达自己对生活、对时代、对文学的看法，是用自己的观点来解读生活。所以，我觉得批评家也是直面人生的。

舒：如果请您概括一下自己的治学方法呢？

陈：我个人对学术的认知，从来不是"纯学术"，也不只是如何看待专业的问题。我自己在寻找一种人生道路。这是价值观的问题。一个人必须要有自己的价值观，就是你怎么生活？怎么面对这个世界？你的立场在哪里？对我来说，学术是我安身立命的基本立场，是基本的生活行为。这样的立场，使我活得像一个知识分子。当时老师教我就是这样教的：做资料，读文本，然后就是思考自己的价值观。就是这样的传统。首先就是理论观点要从研究当中完成，要学会在生活中发现问题，要学会在研究实践中发现问题。比如研究当代文学，学者就要有前瞻性，你要知道讨论这个问题可能会对以后的文学产生什么影响。只有自己发现了问题的价值，才能全力以赴地解决问题。其次，在我看来，任何学术问题其实都是你自己的问题。你所有提出的问题都要解答你自己的困惑，这是你对人生的态度、对社会的态度的投射，而不是与你无关的，不是为写论文而设计的问题。我现在非常鼓励学生研究同辈作家，要做同代人的批评家。因为上代人的问题往往是在一个你所不熟悉的环境下产生的，你不一定能够从中找到你自己的问题。但是同代人的困惑你是理解的，他们的痛苦他们的追求，也可能是你的痛苦你的追求，他们为什么这么写，你是了解的。如果你只关心前辈的问题，你就只能跟着前人的思路走。

文学从来没有独立的文学，都是与现实生活矛盾、困惑联系在一起，混杂在一起的。批评家的困惑应该和文学的困惑联系在一起。

舒：您是怎样把学问和人生紧密联在一起的？

陈：我们这个专业，我说的是中国现当代文学这个专业，只有时间的上限，没有时间下限。上限没有什么好讨论的，现在学者们把精力放在上限——晚清民国之交的讨论，他们觉得这个学科离当下太近，没有办法做出具体的判断。很多导师为了显示自己研究与当代没有关系，有意引导学生去研究晚清民国时期的文学，把自己的学术研究和当下划清界限。我是明确反对学生这么做的。

我认为我们这个学科是没有什么故纸堆的，我们的希望就在当下，了解当下推动当下。研究现当代，就是为了解决当下的问题。所以，"当代"的概念包括了未来，联系着未来。我们要关心的是，未来的文学会是什么样的？再过五年的文学是什么，再过十年的文学是什么，对这个方向要有预期，否则出来一个好作家，我们还是后知后觉，不能及时发现和推动他（她）进步。

舒：所以我们注意到，从1980年代开始，您就一直密切关注几个作家，这样的关注几乎贯穿在近四十年的评论生涯中。但也有一些作家，您几乎没有评论过。

陈：我没有评论的同代作家，不是我不喜欢他们的作品，而是在读作品时没有产生我想说话的激情。但是有几个作家，我一直跟踪了大概有二三十年。莫言从最早的第一部作品一直到现在，我基本上一本都不会落下，还有像贾平凹、阎连科、余华、张炜、张承志、王安忆、严歌苓都是。这些作家给我的心灵感受非常强烈，我知道他们在字里行间要讲什么，想讲什么。比如读贾平凹的小说，我会有把握，他写出来的东西我能感受，他没有写出来的东西我也能感受。一个作家并不是对他的作品里所有的元素都想明白了才写作，有时候作家会通过细节描写、形象塑造，或者是叙述故事，把自己可能不甚清晰的朦胧意图描述出来——这个时候，对我这样一个评论家来说，阅读快感就特别强烈，因为我能从中解读出自己的人生感受。我对当下生活，甚至历史的看法，在贾平凹小说里能够得到很多回应。但是他早年的作品我评得不多，新世纪以后，贾平凹的小说跟我对当代生活的感受、我的艺术观契合得多，我就有话要说。

记者采访手记：作家的创作在变化，陈思和的评论也在变化。鲁迅对自我的反思、怀疑和批判的精神，在他的批评生涯中也有明显的体现。

舒：2012年，您曾陪莫言前往瑞典领奖。作为持续关注他创作的评论家，可否谈谈您对莫言的理解？

陈："五四"新文学的主体是知识分子，具有比较强的启蒙性，包括鲁迅在内的"五四"一代知识分子，他们都把农民看得很低，知识分子是站在农民之上进行启蒙，要唤醒他们的革命意识。而莫言不在那样的传统里，他对中国的民间社会文化、农村农民都有着非常深刻的理解。他本身就是农民当中的一个，把农民的缺点和优点和盘托出。我对莫言笔下的农村很感兴趣，他提供了一个我所不知道的农村，那是自然状态的人和农村，是不完善的，每个人都贪婪、自私，满腔委屈，粗糙不堪，但是这些人的身体里有强烈的、内在的力量涌现出来。莫言在农民的粗鄙生活中看到了他们的力量，他对农民的理解，远远超过"五四"一代知识分子对农民的理解。鲁迅笔下的农民是沉默的，是被嘲笑的，而莫言笔下的农民是鲜活的，满腔的委屈、痛苦都像火山爆发似的喷出来。

我是读了莫言的小说后，才反思鲁迅的小说的。他们都通过非常具体化的生活细节描写、对比来塑造形象。譬如，阿Q是小人物，他也需要被承认被尊重，但是未庄社会没有人愿意倾听他。临刑时，他还希望把圆划得好一点；游街时，他也希望戏文唱得好一些，希望得到人家的赞扬。但是，阿Q的人格在小说里并没有被大家理解，更不要说是尊重。我们老是喜欢说"哀其不幸，怒其不争"，我们总是高高在上地把"哀"与"怒"施舍给农民。然而我读莫言的小说，脑子里关于农民的观念全部被颠覆了。在莫言的小说里，没有我们传统理解的道德和忠贞。如他写农民对压迫的反抗，不一定就是"揭竿而起"，却可能是以我们不喜欢的方式表现出来：偷盗、怠工、破坏、污染……《天堂蒜薹之歌》里的农民就是这样。还有如他描写女人生孩子，不堪，肮脏，但正是那种无休止的生育，那种肮脏野蛮的苦难生活，让人感到生命的庄严和生命力的旺盛。莫言这种对生命的感受与知识分子的感受很不一样。我原来觉得，文学是干净的、高雅的，莫言所写的是低俗的，不干净的，我以前也批评过莫言的小说，但后来我发现，是我不懂莫言，也不懂中国的农村和农民，甚至可以说，也不懂真正的中国。

舒：您那时的批评主要是针对什么？

陈：之前莫言有一部小说叫《玫瑰玫瑰香气扑鼻》，小说中对农民粗鄙化的描写，我当时是不太能接受的。但是后来我自己转变了，我提出一个审美概念"藏污纳垢"，"藏污纳垢"不一定是负面的，也会转化为一种活力。比如沼泽地里什么肮脏的东西（动物尸体、腐烂的植物、人类的排泄物等）都可能有，所有肮脏的东西都被土地包容起来，所有腐烂物会在大地生命运动中转化为活力。我原来批评莫言的时候，也有知识分子的洁癖在里面，但我后来还是慢慢认识了莫言，并反思过我自己的批评。

舒：您是通过什么进行反思？您和莫言有过交流吗？

陈：没有交流。我很少与作家一起讨论他们的创作，也很少去采访作家。对于莫言的创作，起先是感性的欣赏，欣赏他早期的先锋文学；后来他写了"食草家族系列"等，我有一点不喜欢。我不否认，莫言小说里有农民文化的粗砺性，我以前是不喜欢的。到了1990年代，我自己形成了民间理论之后，对莫言风格又有了新的理解，对他有过辩护。莫言自己也有转变。他说过自己原来学习马尔克斯、福克纳，获得某种近乎神谕的启示，到后来意识到要远离他们的影响，于是大踏步撤退到民间，用一种比较自觉的民间的方式。

这说明莫言也在寻找新的创作风格。最明显的是《檀香刑》。《檀香刑》是通过三种人来讲述同一个故事。一是刽子手讲的，一是孙眉娘，还有一个是知县。这三个人同样在讲述一个残酷的故事，知县所讲代表着知识分子的言说，孙眉娘则是民间叙事，而刽子手讲的又是庙堂语言。我读了那部小说的后记，觉得莫言与我的思考是不谋而合的。我通过他的小说，阐释的是我的美学观念。我写过一篇评论文章，专门分析莫言小说的民间叙事。那篇文章可惜没有写完，只完成了原计划的三分之一。莫言写作的各个阶段，我都发表过文章，包括对《生死疲劳》的评论。那时候我对莫言已经采取了欣赏的立场。

所以说，我的评论，其实是与我的学习、思考、探索混在一起的。我不是有意探索什么，有意去评论什么的。对余华，对贾平凹的创作，我也有过批评的，都经历过类似的变化。作家在变化，我也在变化。

舒：您能谈谈您对余华小说的看法吗？

陈：我对余华的小说也是有过批评的。我最早是喜欢余华的先锋小说，对余华早期的小说做过很认真的研究，那时还不认识余华。后来，余华从《在细雨中呼喊》开始，向民间立场转化。民间立场并没有减弱知识分子批判的深刻性，也没有削弱知识分子的精神，相反，表达得更加含蓄和宽阔。但是他在那个时期的创作有过一些转变，我和张新颖、郜元宝他们有过一次对话，批评余华的退步。

余华是1980年代先锋文学的代表性作家，到1990年代开拓民间价值立场，其创作的每一步发展都是对自己前一阶段创作的扬弃，他继承了批判性的文学内核，却改变了审美的外在形态。他朝着民间文化形态一步步地深入下去。他的先锋性很强的小说的主要成就，是对"文革"时代的残酷精神与反人性的痛切揭示，这一点是当代其他先锋作家无法企及的；同样，他的民间性很强的小说，在温情故事的外在形式下依然包裹着与现实处境不相容的反思立场,而不是一般的庸俗的小人物故事。余华的创作走了一条与现实环境密切相关的道路。这是余华创作最可贵的地方。纵观他的创作历程,凡是他稍微离开现实环境的尝试,都是不成功的,但他总是能够凭着艺术敏感及时调整过来,回到现实的大地之上。《兄弟》是当代的一部奇书。

舒:贾平凹的《山本》和莫言的《檀香刑》都写得很残酷。您一直关注这两位作家,能谈谈对他们的理解吗?

陈:贾平凹的创作道路比较复杂。他在新世纪以来的写作,不是从《鸡窝洼人家》的风格一路下来,而是从"商州系列"传承下来的。《废都》是贾平凹的一个转变,他开始有了自己的言说,把心中纠结的东西,包括时代氛围、生命痛苦全部抒发出来。《废都》不是清流,是"浊"的文学,《废都》里表现了当代文学所没有的东西,比如那种表面颓废、内心又特别的绝望的形象。

新世纪以后,从《秦腔》开始,贾平凹真正是成熟了,艺术风格也成熟了,包括他对民族文化、对生命、对农村的看法,也都成熟了。从《秦腔》开始,他把一般的小说元素如故事情节、典型人物等等,全部解构掉,整个小说没有一个中心故事,而是通过一个又一个的细节,把这个时代的气氛、生活场景都贯穿起来。这是小说最精华、最内核的部分。中国小说喜欢说书,喜欢讲一些动人的故事,而在贾平凹的笔下,一切都是轻描淡写,包括《山本》,在描写残酷的细节时,没有夸饰,没有过于渲染和耸人听闻,仿佛是不经意的,却达到了令人战栗的效果,让你惊心动魄。他写残酷是有内涵的,背后是讲权力的形成，保留了那个残酷时代的信息。

舒： 所谓"鸟之双翼、车之两轮"，即批评与作家创作之间的关系，在您这里体现得特别充分。

陈： 作家的创作有时候也是无意识的，对我来说，他的创作能够符合我的阐释，也经得起我的阐释，对我才有意义。如果没有他们的创作，我就无法做这个解读。文本解读不是用概念，而是包含了很大的文化内容。我不仅仅是为了完成评论家的工作，我只是要表达我的思想和感受而已。我更尊重他们对生命的感受。文学评论只是我的工作，有时候，作家的创作激发了我的想象力，但也可能是我的评论激发了作家的想象力。这是我所追求的评论家与作家之间的理想的关系。

访谈时间：2018 年 8 月 22 日

初刊 2018 年 10 月 17 日《中华读书报》，原题为《学术是我安身立命的基本立场——答〈中华读书报〉记者问》

第二辑

百年荣枯一夕话
——答李瑞腾[①]

李瑞腾（以下简称李）：您长期研究百年来中国文学史，对于这次会议有何看法？

陈思和（以下简称陈）：这次会议针对百年来中国文学史这个主题，出现了各种各样的观点和见解，其广度与深度皆可观。一百年很长，要谈的东西很多，很复杂，而且大陆最近也很少举办这么大规模的会议，在这次会议上，有人谈文学史，有人研究个别作家，还有人谈台湾文学……这些论文对建构这一百年来的文学史会起到一定程度的作用。总体来说，这次会议是通过世纪末的观点来反省这百年来的文学，尽管大家使用的话语很多样，但主要都是关于知识分子对文化、文学的检讨。

李：这次会议对您的学术研究是否有新的启发？

陈：这次会议给我带来新感觉的，是运用西方文艺理论所

---

① 李瑞腾，时为台湾《文讯》杂志社主编，现为台湾"中央大学"中文系教授。

作的文本解读，因为我在上海并不能像海外那样长期接触西方文艺理论。不过，如果要宏观建构和解释文学史的话，用这些理论就有问题。因为要谈中国文学史，就必须要在中国文学的实际状况下研究它，把握它，这对身在海外、使用西方文艺理论的学者来说比较有困难。

李：您认为这个现象的出现，是否缘于台湾与大陆在处理这个课题时角度与方法的不同？

陈：是的。台湾的学者在操作西方文艺理论并融会于作品分析上的能力很强，像金恒杰等人的论文便是如此。但我觉得，中国的作品当然可以用新的西方文艺理论解读，但是若把它用来处理文学史课题，则大有问题，因为文学史本身是由很庞大的文学史实和文学作品组成的，并不是套个西方理论就能完全解读的。

李：文学史在书写的过程中，的确受到整个社会环境、时代的影响，因为大量的文学史料都来自于该社会。解读作品时，也的确应该把作品放入整个文学史的脉络中来考量；不过反过来说，文学史也是建立在对作品理解的基础上，这个理解也就成为文学史书写的基础。一旦我们发现作品有了新的解读方式时，过去的基础也就被颠覆，文学史也就随之改写。

陈：我同意你的说法，不过文学史书写仍要观照当时的社会状况。比如说鲁迅的《狂人日记》，一般的解读都认为它是在批判"吃人的礼教"，而且认为这种批判精神还一直延续到1930年代巴金的《家》。如果我直接去读这个作品，会发现小说里写狂人的哥哥吃过人、父母吃过人，到最后，凡是人都吃过人，除了孩子没有吃过人，因此我得到的讯息是：救救孩子。救救孩子也就是救自己。但是这只能是我个人的理解，而不能用来读解文学史。在那个开始肯定人、强调人的力量的时代，《狂人日记》一出现，立刻就被误读，"人吃人"的部分被遗忘，只留下当时的社会所愿意接受的部分，即反封建礼教这些思想。因此我认为，在面对作品时，我以我的感受、角度去解读它，这是没问题的；但面对文学史时，则必须尊重当时它对社会可能造成的影响。

李：不过若是换个角度来想的话，我们会发现，我们现在所谈的20世纪文学，到21世纪中后期再回头看时，这一百年会是什么面貌、会由什么样的历史概念来统整呢？我的意思是，假如我们能超越现在的时空看我们现有研究成果的话，也许能够得到一个"他者"的观点，这样就不会蒙蔽于某个角度或方法上。譬如1950年代初期的刘绶松、张毕来、唐弢等写作的现代文学史，当时看是不错，由今观之，却发现不少问题。因此我认为，由一个比较超越的观点来检视文学史的写作，才能尽量避免书写的扭曲。在时间的对照上，还有一个重要的问题，即新、旧文学的对立。

陈："五四"时代新文学运动的提倡者说鸳鸯蝴蝶派是旧文学、贵族文学，自己的则是新文学、平民文学、写实文学。这种区分在今天看来恰恰是完全相反的。这是由于我们对这些概念的解释不同。

李：从中可以看出知识分子的矛盾与双重标准——他们一方面花费很大的心力去整理、肯定古时候的通俗文学，但另一方面却拼命打压同时代的通俗文学。

陈：不，这是因为他们根本就不认为鸳鸯蝴蝶派是通俗文学，而且当时根本就没有现在所理解的"通俗文学"这个概念。因为鸳鸯蝴蝶派的作品有很多是出自有深厚文学修养的作家之手，比方说《玉梨魂》里边就有很多骈文、旧诗词，真拿它给普通人看，恐怕很多人都看不懂。正因为这样，他们才会从白话文、说唱艺术里找平民大众看得懂的文学。其次，通俗文学与新文学的对立只有很短的时间，到了1930年代老舍一出，就把两者融于一体；到了1940年代又有张爱玲，到了1950年代台湾又有琼瑶，她们早已经把两者融合在一起了。因此，当时的对立其实完全可以视为新文学作家自己臆造出来的。他们为了要发展自己、巩固自己，就必须要打倒主流文化，因此着力要打倒当时主流文化的精英，譬如南社——他们批判旧诗词，其实只是在批判南社的诗词作品。

李： 关于这个问题，我们可以以郭沫若、郁达夫为例。郭沫若的作品有新、旧体诗，郁达夫有小说、文学评论和旧体诗词，但一般现代文学史都不谈他们的旧文学创作。又比如沈尹默，他只创作了数篇精彩的白话诗，其后仍回到旧文学的创作领域去，且作品以旧文学为主，但新文学史上把他列为现代诗的开拓者之一。而且，在我们研究现代文学的人看来，现代文学作品是"主流"，而旧文学作品为"亚流"。如何把这"亚流"放入文学史中，这是对文学史书写的考验。

陈： 我想，就作家而言，我会取其精华作品作评述；就文学发展情况而言，则会以重要思潮等为主。

李： 能否请您谈谈"重写文学史"？

陈： 就学术立场而言，当初我们认为必须对原有的文学史作品采取怀疑的策略。而这种怀疑，有可能对，有可能不对，不过一旦提出，就是对原有文学史进行解构（事实上，所解构的也正是从前因政治而被扭曲的部分）。这种解构曾遭遇到反对，但反对的声音来自于权力，而非学术。

李："重写文学史"的具体成果如何？

陈："重写文学史"的提出，能够激起大家对文学史传统的反省与重构，以及对文学史观念的改变，对一些文学课题的批判，对一些个别作家的重新评述，等等。

李：从学术社群的角度来看，像你们这样一批年纪差不多的学者们对学术的发展有何影响？

陈：中国的学术是靠一代一代继承的。在"文革"结束后大约可分三代：第一代是七八十岁的老的一代，像贾植芳先生那样，第二代是五六十岁的青壮一代，还有一代就是我们刚进学校的新的一代。老的一代经历过抗战的洗礼；青壮的一代成长于"文革"期间；新的一代由于求学期间正遇上"文革"，是无学可求的一代。而五六十岁的青壮一代，大多比较理想主义，认为既然改革开放了就会比从前更好，应该完全认同它；但我们这一代（四十岁左右的一代人）由于没有上一代的理想主义，所以将学术慢慢恢复起来了，向上继承"五四"传统，认为知识分子应该保持批判反省的能力。

李：您所说的是一个普遍的现象？

陈：是的。

李：最近新崛起的一代呢？

陈：新崛起的一代——也就是现在三十岁左右的一代，我仍在观察中。不过，一般而言，"文革"时他们还未上学，并未经历"文革"洗礼，一开始接受的就是改革开放的教育和社会状况。所以，当改革开放后，我们这一代就走 1930 年代知识分子的模式，但新崛起的一代则对社会抱有比我们更实在的想法。

李：我想问的是：你们目前所作的努力，很快会遭受到年轻一代作家的挑战吗？

陈：我认为年轻一代会用他们的想法和方式生活。我从他们的作品中看到了原创性，只是这种原创性现在还未被纳入我们这一代所定义的文学史观念中。这只是和现在这个时间对不上，与时代错位罢了，其实他们仍然有人在很严谨地处理自己的作品，也很严肃地创作，只不过他们对事物的观念与我们不同。而我们有责任去凝聚年轻人中这股积极的力量。

李：最后能不能谈谈对台湾文学的看法？

陈：从前的大陆学术界对台湾的资料搜集不易，像我在收集资料时，就光是收集 1950 年代的台湾文学杂志，而且是东借借西找找，花了大半年才影印到一部分知名的杂志，还看不到整个全貌，更别提一些特殊的年代，如日据时代，资料根本无从找起。研究者若是没有办法找资料，仅凭着读一两篇作品，再加上大陆习用的观点就发表评论，对台湾文学的看法也就更无法客观了。从前对台湾作家的认识也很片面，除非有些作家到大陆访问，否则根本没法找到相关资讯，而且能来访的还多是旅居海外的作家。这几年由于开放，台湾文学的资料才慢慢通过会议交流等等充实起来。不过，如果一位作家的作品只能见到一两篇的话，那就只宜为文介绍、欣赏作品，还不足以写作家研究的论评。

李：不过台湾学者反而连概论都不敢写。

陈： 其实光就一本书写书评或概论很容易，但若要从百年来文学史的角度来写就是件难事了。我想这大概就是不敢写的原因。

李： 您现在也写一些有关台湾文学的研究文章，未来是不是还会持续地做下去？

陈： 是的，我会努力再做下去。

李： 能不能谈谈您研究台湾文学的状况？

陈： 自1988年以来，我写了一些台湾作家研究的文章。就作家论来说是可以的，不过还不足以写作文学史，这个要慢慢来，要做好不容易。在我研究现代文学史的计划中，第一卷时间是到1930年代为止，第二卷研究日据时代的台湾、华中、华南的文学状况，这一部分就会涉及台湾文学。

李： 很期待能早日看到这部著作。

陈： 谢谢！

初刊《文讯》1996年第7期，原题为《百年荣枯一夕话——答〈文讯〉杂志李瑞腾问》

台湾与海外华文文学的研究展望
——答李安东[①]

李安东（以下简称李）：中国大陆对台港文学的介绍和研究迄今已有二十多年了，回顾过去作一番总结显然是有必要的。也许有了二十年研究的积累，近几年来面世了好多部台港澳和海外华文文学史，还有像《20世纪中国文学史》也列有台港澳文学的章节。把台港澳文学纳入中国文学的研究范围，这已经成为许多中国现当代文学研究者的学术方向。您是一位对台港文学比较了解和有研究的学者，写了不少这方面的文章，可是我注意到您的《中国当代文学史教程》和《中国新文学整体观》这两部书都没有台港文学部分，不知您是从哪个角度来思考这个问题的？

陈思和（以下简称陈）：我对台港文学的研究还不够全面。作为一个大陆学者，对大陆的文学发展脉络自己比较清楚，对于从"五四"到1990年代的文学发展脉络，我耗费了近二十

---

① 李安东，时为复旦大学中文系副教授，现为韩国成均馆大学中文系教授。

年的时间在研究,应该说是比较熟悉的。特别是近二十年来,作为一个文学评论者,我和这二十年的文学是一起在摸索、进步,是有非常感性的认识的,我能够用自己的生命来验证这个文学的进程。所以当我在做文学史研究的时候,很自然地把大陆文学作为主要的研究对象。至于我主编《中国当代文学史教程》为什么没有把台港文学放进去,这个我在书的前言里已经说了,我说这是一部不完整的文学史,之所以不完整,就是因为我没有把台港文学列入这样一个体系。不是不想列入,主要是没有把握。

其实我对台港文学是花过一些时间去阅读的,1988年我到香港,就是想专门研究香港文学。我在香港中文大学卢玮銮教授的帮助下,查阅了香港1950—1970年代的文学杂志报纸。我花了四个月的时间,收集了好几箱的影印件。这些影印件绝大多数是香港1950年代以来的文学杂志,在香港也非常难找。在那儿,1950年代的东西都已经成为古籍了,所以要找全一份杂志是要花很多时间的。像《文艺新潮》《好望角》《浅水湾》《中国学生周报》这样一系列的杂志或副刊,我都已经收集齐了。还有许多杂志,虽然没有找齐,但也能有所了解。可是我读了以后,给我一个感觉就是对香港文学的发生环境我还是不能很好地了解,毕竟是另外一个地区,另外一种生活环境。在这样的条件下,我觉得对一个具体作家进行分析研究是比较容易的,但是要整体地把握香港文学,就觉得非常困难。我举一个例子,当年所谓的"美元文化"问题,就是一个非常复杂的文学现象。像这样一系列的问题,我觉得,到今天为止,我们学术界也还没有进行过个案的研究,还没有认真地把香港文学史上这样一些重要问题作为主要对象去研究。我读过卢玮銮教授的著作，她是一个非常热爱香港文学的学者，而且是一位几乎把自己一生精力都用来从事香港文学研究的优秀学者，她的一项主要研究课题是1949年以前大陆作家来港活动，光这个课题她就写了一部专著。后来她花了很多时间在做《中国学生周报》等杂志的整理工作。直到前两年我才看到她和黄继持、郑树声两位教授合编的几套香港文学资料。这是非常珍贵的文学史资料。在这以前，这些资料都是大陆研究香港文学的学者的盲点。虽然我在1980年代已经接受过卢玮銮教授的指导，并且也逐步接触了这方面的资料，但是要整体地把香港文学放到文学史的框架中去研究，这是要花大量时间和精力的。我的时间不够，不能用足够的时间把这些问题研究透彻。在这种情况下，贸然地把香港文学定位，然后简单地把它纳入到中国文学史的框架里去论述，我觉得是件不严肃的事。香港在一百多年来的殖民统治下所产生的文学，它的文学规律、特征、审美等，跟大陆在"五四"传统下形成的文学史观念不太一样。把这样两种不同的文学观念简单地列在一个框架中，我想会出现许多问题。

至于台湾文学就更复杂。我可以说，大陆今天对台湾文学的研究还仅仅是皮毛，绝大多数研究者对台湾文学自身的发展规律，特别是从日据时代以前到日据时代的台湾文学是如何形成自己的文学传统，我们还很不熟悉，也可以说几乎是盲点。台湾也是近几年才陆续披露了大量的日据时代的作家作品，并重新翻译，整理出版。这样大量的日据时代的作品，对今天研究台湾文学的台湾学者来说，也是一个很含混的领域，对大陆学者来说更是一个含混的领域。如果对这样一些基本的文学史实都没弄清楚，如何来写一部文学史？我觉得大陆现在对台湾文学研究得比较多的，是 1960—1980 年代的台湾文学，因为这二十多年台湾在政治戒严中，文学也可以说是文化专制形态下的文学，大陆学者比较容易理解这样一种背景下的文学现象。而且，1950 年代末在台湾文坛崛起的一批作家绝大多数都是从大陆过去的，后来不少人去了美国，成为海外华人作家，跟大陆的接触比较早，意识形态的对立也比较淡薄，大陆学者比较容易研究他们。但如果把这样几个作家的研究，简单地等同于整个台湾文学史的研究，我觉得也是一件不严肃的事。尤其是现在的台湾，无论是政局还是文学，都出现了一些复杂的现象，如果用一种简单化的，或者用大陆的文学标准去衡量台湾文学，这样就会出现很多偏差。所以，在对台湾文学没有完全把握的前提下，我也不敢贸然地把它纳入到文学史的编写中。

中国当代文学非常复杂，我之所以要把 20 世纪中国文学史的主要分期定在"抗战"，就是有一个想法：在抗战以后，地区文学的独立意识明显加强了。抗战以后中国文学非常明显地分成了三大块：一块是国民党统治地区的文学。这一块文学原来是全国性的，后来由于抗战，慢慢地退缩到大后方；抗战胜利以后，它又逐渐地恢复了全国大部分地区，再后来随着国民党的节节败退，到了台湾。通过这样一个线索，就可以把整个国民党统治地区的文学看作一个整体。第二块就是共产党领导下的社会主义文学。这个文学传统是在延安时期逐渐形成的，随着 1949 年中华人民共和国诞生而发展到整个中国大陆。

但是它没有影响到台湾，对香港有部分影响。第三块就是我们过去忽略的日据时代的文学，这是日本统治下的殖民文学。殖民主义文学在中国的历史很早，甲午战争后在台湾就出现了殖民主义统治下的中国文学。随着1930年"满洲国"的成立，以及1937年后华北等地区的沦陷，出现了"沦陷区文学"。从日据时代文学到沦陷区文学，这也构成了一个非常有特点的殖民时代的文学。这个文学到了1945年随着日本的战败而结束，但是这种殖民文学传统在中国并没有消失，这就是香港文学。一百年来的香港文学就是殖民统治下的文学。如何看待殖民统治下的宗主国和被殖民地区之间的文化关系？以及中国本土意识是如何在异国统治下发生、发展的？这也是一个非常复杂的问题。只有把这三块地区完整地串起来，才构成一个中国当代文学，或者是20世纪下半叶中国文学状况。我们今天所说的中国当代文学其实只是其中的一块，就是大陆的社会主义文学，而且也不是很全面，至少也没有包括很重要的少数民族文学。

如何去研究台湾文学和香港文学，我觉得首先必须提出一整套整合文学史的观念、理论、方法，然后才能切入对台港文学的研究。大陆对台港文学的研究，这二十年时间也不算太短了，但是对这样一系列基本的学术操作，还是比较缺乏，我自己也没有很好地解决，所以，我没有把它们轻易纳入《中国当代文学史教程》。

李：您在上面的论述中提出了许多值得思考的问题，其中特别提到了我们目前缺乏对台港文学的个案分析。的确是这样。任何宏大的文学史框架其实都必须建立在对作家作品的具体分析上，也就是我们经常说的文本解读。您的《中国当代文学史教程》在这方面非常有特色，有大量的作家作品的个案分析，这就引导读者从一个感性的层面切入文学史，从而真正地把握文学史发展的脉络。一部文学史如果只是时代背景、运动思潮、作家作品的简单介绍，就无法让读者真正地去体验、理解那个时代、那个作家和作品，到头来只是概念加概念。我们的台港文学研究确实存在这样一个问题。当我们还没有做好大量案头工作就匆忙上阵，搭起的可能也就是一个豆腐架子。而且许多著作的论述也是雷同的，原因就是一些学者没有很好地阅读文本。

陈： 有一件事我印象很深。我上次到台湾去，台湾一个朋友告诉我说，大陆有一个学者要在那里出版一部《20世纪中国文学史》，书稿到了出版社，出版社说没有台湾文学不行。他就说："我马上补几章台湾文学内容。"这不太简单了！不是说他不可以研究台湾文学，而是这样轻率地在一部文学史里加上台湾文学，我很怀疑他的学术工作的严肃性。这甚至可以说是大陆学界比较普遍存在的一种学风。真正要有真知灼见的文学史研究谈何容易！

李： 您还谈到新发现的大量日据时代的文学，这无疑是台湾文学研究者面临的一个新课题。对这些文字的解码，也许会改变我们对台湾文学研究的固有思路。

陈： 对日据时代文学的研究，尽管人们的目的不一致，但是作为一种文学存在是绕不过去的。国民党统治台湾以后压制日据时代文学的研究是不对的，现在台湾学术界整理出版这方面的作品非常多。我注意到这些成果，但是我不能完全读懂它们，因为大多是用日文写的。你想，如果这些问题不能全部读懂弄通，怎么谈得上去研究台湾文学？

李：这就要求我们在做文学史的时候必须对每个个案都弄清楚了才行。

陈：我们现在的情况恰恰相反：正因为对每个具体问题没法弄清楚，才去做大而无当的宏观文学史。你想，这样的文学史做出来岂不是更不清楚？我经常去台湾、香港开会，有时会碰到大陆一些台港文学研究者被人家一大堆问题问得下不了台。如果是政治见解的分歧而遭到反对，我觉得无所谓，但如果是因为对这些问题根本不了解，那就不应该了。大陆学者所掌握的资料，往往只是研究对象提供给他的有限资料，譬如说你要研究我，好，我就给你资料。这怎么行？

李：这个问题现在也还存在，当然比起过去来已经有所改观。大陆的台港文学研究者自己也承认，刚开始的时候"捧"的文章比较多，这主要是为了交流，现在已经有批评的声音了。好的，下面我想请教您另一个问题：您现在的一个重要研究工作是比较文学。您有没有想过用比较文学的方法来研究大陆和台湾、香港、海外的华文文学？我觉得从比较文学的角度来研究大陆与台港澳和海外的华文文学，是一项比较有新意的工作。

陈：比较文学是一种跨国家、跨语言的文学比较。比较文学在欧洲虽然是跨文化、跨国家、跨语言的文学比较，但是从文化的根来讲却是同根的。欧洲文学都是从希腊文化和希伯来文化发展过来的，沿着这一主线看，后来的比较文学也就有了可比性。比较文学最早出现的形态就是各国文学史研究，譬如最早出现的《比较文学史》，今天看来就是一部欧洲文学史。因为当时欧洲各国的文学还不太发达，还不能各自构成独立的文学史。同时欧洲各国的文学都是同根的，一个同根的文学传统在欧洲各国发生了流变，比较这种流变，理清这种流变的过程，就是比较文学最初的原意。根据比较文学早期的这种原则来研究海外华文文学，我觉得还是比较有意思的。因为海外华文文学也是一个同根的文学，而且是同一文字，但是在不同的国家。虽然海外华文文学的历史不长，流变不那么明显，但是由于它们在不同的国家，也就提供了可比性。把各国华文文学作为比较文学的对象来研究，不失为研究华文文学的一个方法。但这只是比较文学中的一个概念，因为比较文学中还有许多新的内涵。我觉得对海外华文文学研究的视野要扩大。我们现在的研究，比较多的是从大陆或台湾到海外发展的作家，他们基本上用的是华文，表现的是华人世界的故事，但是我想随着华人和居住国文化的逐步融合，将来更应该关心的是华人或华裔文学，而不是华文文学。那些第二代、第三代的华人由于从小受的是居住国的教育，他们写的作品也可能是用华文，也可能是用居住国的语言，但作为一个华裔，他们的作品很可能就保留了一种本民族的根，如何从这些第二、三代的华人作品中去发掘中华民族文化对他们的影响，这也许更有意义。

李：这里就牵涉到三个不完全相同的概念：华人文学、华文文学、汉语文学，您主要是指华人文学。也就是说，如果用比较文学的方法来研究海外华人文学，等于回到了比较文学本来的意义上。

陈：我觉得从比较文学原来的意义上来研究海外华人文

学，当然是可以的。我认为"世界华文文学"这个概念虽然可以提出，但它的历史很短。一般说来，在世界华文文学中，除了中国文学历史悠久外，其他地区的华文文学历史都比较短，大概也就是一百多年，也就是从华人走向世界，并开始用华文进行创作开始。

李： 有将近一百五十年的历史，就是从容闳1854年留学美国开始的。

陈： 我们对这段历史还缺乏足够的研究。对这样一个历史比较短暂的文学如何用比较文学的方法去研究，是需要实践的。因为时间一短，根和末相差就不大。譬如欧洲文学，从希腊文学到19世纪的英国文学、法国文学、德国文学，历史很长，根和末之间相差很大，这样的话，这些文学之间的可比性也就很明显。

李： 华人文学之间的可比性是比较大的，因为它们语种不一样，譬如有英文的、日文的。同时，即使在同一个国家，华人文学与华文文学，它们的表现形态也不一样。我提出过一个想法：20世纪八九十年代的大陆留学生文学，其实就是大陆新时期文学在海外的延续。因为一些作家在出国之前就已经在大陆成名，还有一部分则是接受了大陆的教育。

陈： 严格说来，这些作家的作品不能算是海外华文文学，譬如说严歌苓和虹影的小说，写的都是大陆的事情；再比如高行健的作品，虽然说他是法裔作家，但严格说来，还是中国大陆作家。海外华人文学作为一门学科去研究，至少要有两三代人的时间，他们的生活方式变了，思想观念也变了，语言也变了，这才能考验出中华民族的根在他们身上有没有再生能力。

李：第二、三代作家在东南亚国家已经出现，这些作家是土生土长的当地人，他们使用的语言是当地的语言，但是他们尚能接受父辈们的传统，也学习汉语，并用汉语进行创作。由于汉语已不是他们的日常用语，因此他们作品的语言显得比较稚嫩，但是在他们的作品中仍能体现出中华民族的文化传统。他们很认同中国文学，同时也希望中国同行能够认同他们。对他们来讲，能够在那样的环境中坚持华文文学创作，的确不易。譬如在印尼，华人长期受到打压，华文受到排斥，可是仍有华文作家在那里坚持创作。对这样一些作家作品，我们的批评话语可能就要有所调整。

陈：华文文学将来可能只是在使用华文的地区有所发展，譬如中国大陆、台港澳以及新加坡。我感到更应该关注的是华人或华裔在世界各国的文学创作。

李：现在从大陆去海外的作家，无论是用英文还是中文，他们表现的内容是差不多的。

陈：现在从大陆出去的作家，能够用外文写作的本来就不多，但是他们的第二代、第三代情况就不一样了。这些人在家里受的是华文教育，在学校里受的是居住国文化的教育，写作时用的是外语。这样一些作家是很值得注意的。尽管现在也有第一代的作家用外语创作，但是他们的目的首先是让外国人能够认同，这样他们就不得不迁就外国人的审美趣味，不大可能出现真正的文学佳作。华文文学由于历史比较短，各种文学现象还没有充分展开，目前只能做一些个案的研究，积累一些研究资料。目前我们的学界存在一种不太好的学风，一做研究就一定要是文学史，似乎这就很伟大，也容易申请项目经费；可是，如果个案研究没有充分做好的话，这样的文学史做出来往往是假的。

李：我曾经在会上提出过这个问题。后来同行谈到，这是一个两难的事。一方面大家都知道不该一窝蜂地写文学史，但为了申请项目不得不如此，因为只有写史，才有可能领到项目。要命的是，我们很少有人能提出自己的一套理论体系，可是又不甘心做个案这种繁琐的具体工作，一下笔就是史之类的东西。结果写出来的东西大多空洞无物，大可不必去读。

陈：我们现在学术界风气不好，一些不懂行的人在上面领导学术研究工作，总喜欢好大喜功。个案研究最需要经费，因为资料收集、整理、出版，处处要钱，却是很难得到项目经费，好像题目一狭小就没有价值，不能申请到项目经费。其实这是不对的，那些动辄写多卷本、大部头史的项目，不仅是浪费国家大量的资金，更重要的是败坏了一个时代的研究学风。就像过去搞大会战一样，大家都往大项目上冲，目标就是争夺这点有限的项目资金，结果学术带头人都不把主要精力放在学术研究上，项目大而无当，没有真知灼见，不是你抄我，就是我抄你。1990年代大陆学术研究风气之大坏，正与这种不良引导有关。我觉得，大陆学界真要认真研究台港文学，目前首先需要做的是列出上百个个案，譬如一些文学事件、重要作家作品等，对这些逐一设立国家项目，进行深入收集资料和理论研究。大陆现当代文学研究之所以繁荣，与在1980年代打下的好基础分不开。当时社科院出了两套研究专集，每套一百多本——就是每个作家做一本。尽管这个工作最后没做完，但它毕竟开了一个好头。我们这些学者当年都是做个案研究的，我是做巴金研究的，许子东研究郁达夫，王晓明研究沙汀、艾芜，凌宇研究沈从文，钱理群研究周作人，汪晖研究鲁迅，刘纳研究"五四"运动，赵园研究边缘性的十位作家……然后再一个个串起来，搭出框架，做文学史的研究。可是现在很少有人这样做。现在讲来讲去，台港文学研究就是那么几个人，余光中、白先勇、陈映真等。

李：就是在这样一些作家中，除了对白先勇的研究比较充分外，其他研究也是不充分的。大陆的确存在资料搜集困难的问题。台港文学研究已经二十多年了，去年开会，大家仍然提出资料问题，希望能够资料共享，因为目前是个人收藏的资料比图书馆的多。在这样的情况下匆忙写文学史，确实很不成熟。

陈：没有掌握第一手资料，真是很难弄明白历史问题，譬如说，香港当时的报刊现在都很难找。这些问题如果不弄清楚，我们怎么写文学史？文学史都使用判断语，一个错了，底下就跟着都错，这是很有害的。香港文学中的很多盲点，大陆人很难研究，最好是香港居住的学者自己来做。同样说"美元文学"，我们至今没有一本专集是专门讨论"美元文学"的。那些刊载"美元文学"的杂志，我们都没有认真整理、研究过。再譬如大量的"框框杂文"，是研究香港文学不可少的重要现象，但那些报纸都是随看随丢的，这怎么研究？

李："框框杂文"恰恰又是香港文学的一大特点，也可以说"框框杂文"的发达使得香港文学很不同于大陆和台湾文学。如果不谈"框框杂文"，等于没研究香港文学。

陈：香港文学主要不是精英文学，而是大众文学。大众文化的特点就是泡沫，一面浮现，一面消失，因此，只有身在其中才有感性认识。我们生活在异地的人，又隔了几十年，是很难看得清的。我们现在对香港文学能研究的，也只能是精英文学，因为精英文学都有文本可依，但要做香港文学史谈何容易（大量的流行读物，读都读不过来）！做大陆文学史，可以不谈通俗文学，因为大陆的精英文学强大，但是香港文学如果不谈金庸、梁羽生、亦舒等，就不行。

李：说到金庸，这也是一直炒得非常热的一个话题。无论是批评者也好，赞扬者也好，我觉得都存在一个问题，就是缺少一套对应武侠小说的批评话语。人们习惯于用现实主义的理论去研究武侠小说，这就必然会出现尴尬滑稽的情况。

陈：中国文学研究最缺的就是理论，所以我们一直在向外找理论。从现实主义理论到后来的结构主义、后现代主义理论，都是引进的。我们的学者花了很多时间引进西方文艺理论，这对开拓我们的视野是有好处的。但反过来说，西方的文艺理论能不能解决我们中国本身的文学现象，是值得怀疑的事情。因为中国文学有着悠久的历史，又处在一个特别复杂的文化环境中，它的文学现象的出现是和这个社会现象联系在一起的。我们今天很少有人能够从自己的生活中提出问题，并上升到理论高度来解决问题。我们通常是学了一个西方理论，然后来套中国文学，譬如金庸的武侠小说是大众文学，我们马上就用西方的大众文化理论来套，当然也能套，但只能部分地解决问题，不能从根本上解决问题。这就是中国文学研究长期上不去的原因。中国学者现在似乎对自己的生存环境、对中国社会缺少感性的切肤之痛，其思想都是从西方找来的。不是说不能找，但是如果完全拿来解释中国文学的话，结果是把中国文学变形、扭曲，达不到真正解决中国文学问题的目的。我在做中国当代文学史之前，花了将近十年的时间来做个案研究，就是想从中提出理论问题。譬如我提出的"民间理论""战争文化"等，当然不能说里面没有西方理论的影响，但我着眼的，是希望能够从自己的生活环境中提出问题，解决问题。现在我们缺少的就是理论武器，无论是对大众文学也好，对台港文学也好，我们还是用原先自己的一套话语，要不就是搬来西方的一套话语。

李：我们用自己的话语去解释台港澳和海外华文文学，结果弄得人家并不高兴。因为它无法说到点子上，给人一种隔靴搔痒的感觉，不能解决问题。我们再把话题拉回到香港文学上来，想问一下您对香港文学的总体看法。

陈：我曾经尝试用"现代读物"的理论去解释香港文学。香港文学在1950年代基本上还是大陆文学的延续，受大陆文学的影响比较大，分左派、右派。1970年代后，随着大众消费市场的确立，"读物"的概念出现。这种现代读物的出现，可以说是香港文学的一个重要现象。现代读物包括文学和非文学的作品，也包括所谓的纯文学和通俗文学作品。但读物和文学作品不完全一样，其中有很大一部分是消闲品。读物有很多层次，最高的是文学艺术，但就是在这个层次里，也包括金庸的武侠小说、倪匡的鬼怪小说、亦舒的言情小说等等，不过这些作品仍然是读物。读物不是严格意义上的文学作品，只是带有文学性；同时也有低层次的读物，譬如日常生活指南、文化类读物、梁凤仪的小说等等，它们可以放在超市和化妆品等中间一起卖；再低一点的就是星相八卦、色情刊物等。读物是为了满足读者阅读的需要。各层次的读物可以满足大众不同的需求，但是它们都不是我们讲的文学作品。好的读物和文学有关系，具有较高的文学审美功能。我是想对这个现象进行深入研究的，因为这个问题解决得好，就可以解释许多香港文学现象。譬如刚才说的"框框杂文"，当然不能和鲁迅的杂文相比，但它的内容比较广泛，有马经、社会闲事，也有知识分子的人文思考。

李：香港文学是比较典型的都市文学，因为它本身没有农村，又是一个国际化的都市。就中国文学来讲，香港文学是以其都市化的特点立在其中的。

陈：香港一直是一个国际化的都市，世界各国的文化都可以在香港留下痕迹。就开放性和世界风来讲，香港文化是比较前卫的，这不能只看小说，因为文化是多层次的。香港的戏剧就发展很快，而且很好，有各种各样的戏剧形式。香港因为经济发达，必然会出现两端：一端是随着现代都市的产生，越来越有一种现代精神；另外一端就是随着现代都市文化的出现，养成了一大批市民阶层的读者，因此必须为市民阶级的读者服务，这就出现了现代读物。把这两者结合起来考察，对香港文学就会有一个比较全面的认识。

李：说到香港的戏剧，就要说一说香港的电影了。作为大众文化的一门，香港的电影成就是比较大的，可是我们对香港电影的研究是很不够的，也许是因为缺少文学剧本的缘故。

陈：在当代文学中，电影的地位越来越重要，应该引起我们足够的重视。还有像香港的流行歌词，香港文学最初对大陆的影响就是从流行歌词开始的。流行歌词也是一种文学，把它们排斥在文学之外是不对的。许多现代歌曲，把曲拿掉，就是诗词。我在《中国当代文学史教程》中就有一节专门谈流行歌词，把崔健的《一无所有》放进去了（当然他是比较精英的作者）。"框框杂文"、影视、流行歌词，这样一些比较边缘性的文学，正是香港文学的重要研究领域。如果对这些领域不清楚的话，仅仅把眼睛盯着香港小部分的精英文学，是很不够的。

李：您去过几次台湾，和台湾作家的接触也比较多，您对台湾文学的总体印象是什么？

陈：我对台湾文学的兴趣也是从文学史研究出发的，但是如何进入台湾文学研究领域，这是一个科学的问题，不能用想象的或主观的个人爱好去进入。有鉴于大陆对台湾文学研究主要集中在几个作家上，所以我的研究避开了台湾文学研究的热点，我想从一些比较冷门的、大家不太重视的作家作品开始研究，希望能够借此揭示台湾文学的丰富性。我比较关注1950年代的反共文学，我在台湾的旧书店里基本上把一些重要的作品版本都找到了；我关心的第二个问题是1960年代西方现代派文学刚刚被引进台湾的时候，那些先驱性的现代作家。这些作家在台湾也几乎被遗忘了。1980年代末我在香港的《大公报》开过一个专栏，叫《自己的书架》，其中有一辑是专门讨论台湾文学的。其中有像王尚义、吉铮等都很早去世、又不太为人重视的作家。近几年台湾文学比较活跃，一些边缘性的文学现象非常令人注目，所以我现在更多是在关注那些比较另类的文学作品。我做过几个个案研究，譬如台湾同志文学，我抓了几个比较典型的同性恋作家，来考察台湾同性恋文学发展的过程。我还研究过台湾的海洋题材文学，这是一个很敏感的问题。海洋文学其实不仅仅是文学问题，还上升到文化，甚至意识形态的问题。我对这样一个复杂的文学现象作了自己的表述；再早一点，我还做过台湾科幻小说和新生代文学的研究。我关注的都是人们一般不太关心的问题。最近我正在研究舞鹤的作品。他的作品有对另类文学的反省和批判，是站在更加极端的立场，走得非常前卫。总体上说，我觉得文学创作中的异端现象，台湾发展得比大陆好，无论是对社会批判的深度、自我解剖的深度还是艺术的创新程度，都远远地超过大陆。1990年代的台湾文学形态和大陆文学差不多，可以称之为"无名文学"，它不像以前的文学，有强大的"共名"意识，有明显的思潮流派。

李：您的这些研究确实填补了台湾文学研究的空白。在今天的谈话中，我们有一个共识，那就是要加强个案研究，逐一消除盲点，以期更接近台港文学的真相，这样才能写出真正的台港文学史。

陈：是的。我倒是希望今后的台港文学学术讨论会，能够每一届都拟订一批个案研究主题，一个个来研究、解决。当我们把每个问题都弄透彻了，再来搭文学史的框架，就扎实了。

李：由于时间关系，尽管意犹未尽，还是不多打扰您了。谢谢！

初刊《香港文学》2001年12月号

要有一颗敢于抗衡的心

——答唐明生[①]

唐明生（以下简称唐）：说了多少年的入世，今天我们终于站在WTO的大门内了。入世之初，就碰到美国动用贸易201条款限制钢铁进口，于是，包括中国在内的许多国家根据世贸的相关条例，纷纷与美国交涉。由此看来，作为WTO的成员国，互相间的限制与反限制、权利与义务，是平等的，用不着谁怕谁。在文艺领域，对入世后的莫名恐慌，是从电影开始的。自1980年代后期起，一方面是国产电影票房每况愈下，另一方面是十部进口大片的"片片风光"。由此"狼来了"的呼声四起，尤其是一谈到美国影片的"入侵"，许多人都觉得无法抵御，所以，加入WTO后的中国电影，自然也就溃不成军了。然而，随着时间的推移，我们发现真实的情况并不是那么可怕。比如引进的十部海外大片，其"风光"已不再如前；再比如一些入世后国家的民族电影，并未彻底垮掉，有的还有所

[①] 唐明生，时为《电影·电视·文学》杂志主编。

起色。这一现象很值得重视。站在"世贸"组织内,究竟怎样看待美国电影,看来必须要有一个正确的态度。俗话说,知彼知己,方能百战不殆嘛。

陈思和(以下简称陈):我个人看电影的机会不是太多,每年除了参加电影资料馆组织的中外电影观摩研讨时集中看一批片子外,平时很少上电影院。有些国内特别好的片子,经人推荐,我才会买票去看。每次集中观摩外国影片,我都会受到一点冲击,有一点感受。不用怀疑,美国电影确实走在我们的前面——新颖的形式,好看的故事,很能吸引观众。许多好莱坞影片,通俗可以通俗到极致,悲哀可以悲哀到极致,甚至连发疯也可以发疯到极致,最终在人性的边缘上迸发出人性的火花。比如《末路狂花》,拍得真是好!两位年轻妇女游离了生活轨道,慢慢地发展着,最后发疯了,直至跳崖自杀。从一个正常人一步步被逼到走上绝路,其人性的变化堕落,以及象征着压杀人性的权力如法律、警察等国家机器对人性的迫害,两者始终紧紧纠缠在一起,抓住了观众的感情。你不能不受其感染。再有一部美国影片《玫瑰战争》,故事好像是讲夫妻间的打架。这样的故事,要是由一些平庸导演来拍,会拍得非常可笑,市侩气十足。但在那部美国影片里,夫妻俩打到后来,上天入地,像大闹天宫,把人性深处的尖锐性以及女性无意识深处的仇恨都淋漓尽致地揭示了出来,很让人震撼。

唐:您每年都参加电影资料馆组织的中外电影观摩研讨,看到的影片已经不少了。观摩中所放的美国影片,许多都是不公开放映的。因为看得多,所以您对美国电影的感觉与把握比较准确,比如您刚才说到,美国电影的通俗化和善于把人性推向极致的观点，我很赞同。

陈：美国好莱坞电影实际上是通俗电影，或者说，绝大部分是通俗电影，它夸张人性，很会煽情。但煽情并不都是虚伪的，关键是看你在什么样的层面上煽情。比如一部悲剧，弄得观众哭不出笑不出，那是失败的煽情；如果煽得观众哭得死去活来，那就是好的。《卖花姑娘》是一部政治意识形态很浓厚的电影，为什么"文革"的时候会产生那么大的影响？不就是一种煽情的力量吗？我认为，煽情与人性的极致化，实质上是一回事。艺术这东西，很难用整齐划一的标准来规范，特别是电影，本质上是大众化与市场化的艺术，更要讲究它的通俗性。我不赞成把电影变成一种技术的显示与炫耀。如何通过一个故事，把人性的展示和大众喜闻乐见的形式结合起来，对今天的国产电影来说，仍然是一个没有完成的课题。1940年代的中国电影，没有一部不是通俗的，像《万家灯火》《一江春水向东流》等，直至今天都还称得上是经典影片，然而它们的技巧，它们的人性力量，并没有离开当时的现实，相反却还原到大众的日常生活中，把千百万观众对人性力量的向往和同情煽动起来。所以，我是看重电影的世俗性的。而一些所谓的"精英电影"，脱离了大众生活，脱离了人文精神，或者把故事叙述得十分抽象，或者是故弄玄虚与玩弄技巧，其结果必然不受观众欢迎。

唐：在今年的中外电影观摩研讨会上，您对美国电影所持的一些看法，引起了窃窃私语。那天我也在场。您说：看了不少美国影片，觉得美国电影并不那么可怕，好莱坞电影已经走到了它的尽头，中国电影是很有希望的。前半句话，许多人表示不敢苟同，认为您太小瞧了好莱坞电影。我当时的感觉是，您的看法很有新意，也很乐观。一个时期来，对国产电影前景持悲观态度，是电影圈内外不少人的共同心态。但直到现在，我还是认为：一味的妄自菲薄，对中国电影发展并无好处。

陈： 在今年的中外电影观摩研讨会上，在观片后的讨论会发言时，我确实说过美国好莱坞电影已经走到尽头了。那主要是从技术发展方面来说的，也是针对国内一批电影工作者盲目恐美崇美心理来说的。我这样说，并不意味着好莱坞影片不会发展了，而是说它在技术上、在高科技手段的运用上，在达到相当高的水平的同时，缺点也开始暴露出来了。过于夸张高科技手段对电影的作用，反而压抑了人性，影响了对人文精神的张扬。电影说到底是给人看的，是为了唤起人对自身的一种认识，唤起人对人性的一种感受，如果一味地强调高科技对电影的作用，一味追求人对感官的刺激，就是电影走向堕落的预兆。我有次听王安忆说过她对美国电影的看法。她说，自从斯皮尔伯格以后，美国电影就不好看了。她的话也不全对。斯皮尔伯格有些电影拍得真是不错，像《辛德勒的名单》，但在《侏罗纪公园》以后，人文的因素被声光电化所取代，确实是无足观的。本来，高科技的采用是为了使人性能通过具体画面更加逼真地表现出来，比如要描绘一个人的心理，或者一个人的痛苦，用文字写，啰里啰嗦，有时还不一定能准确地表达出来，而电影只要用一个画面，甚至是一个动作与细节，就能形象地加以展示，但现在的问题是，过分依赖高科技的手段反而使人性的展示被异化了。说得形象一点，它如同插在观众与影片中间的一堵墙，使人性的交流被粗暴地阻断了。

关于这一点，我们只要简单回顾一下近二十年来奥斯卡得奖电影的演变，就可以看得非常清楚。1980年代初中期，奥斯卡得奖影片是以张扬人性占主要地位的，像《金色池塘》《克莱默夫妇》等，人性的力量都非常强。到了1990年代，单纯表现人的伦理道德被看成不够刺激，科学技术的进步使电影原有格局似乎显得太小，需要慢慢向外拓展，直至用高科技手段拍出很刺激的画面来展示人性，像《沉默的羔羊》就是如此。和《金色池塘》相比，《沉默的羔羊》是用强烈的"死亡"来揭示人性的被压抑。影片中的那个吃人犯与破案并没有什么关系，但编导的用意恰恰是想通过"吃人"来刺激人对这个世界的关注，否则就不足以表现人性被这个社会所压抑的极致。此外，那些很刺激的画面，常常是通过血淋淋的镜头来表现的。到了1990年代中期，奥斯卡得奖影片越来越技术化，如斯皮尔伯格的《侏罗纪公园》就成为技术的堆积。该影片的宣传，强调的是投资多少，所谓的大制作，影片本身的人性力量却被世界以外的怪物所替代和侵犯，被严重异化了。在《侏罗纪公园》前后，好莱坞还拍摄了一大批科幻片，都是所谓高科技的。最后是前两年，影片《泰坦尼克号》又回到了通俗言情片的路子上来。这部影片强调的不再是故事本身，而是大肆宣扬巨额投资，成为一部用金钱堆起来的影片。仔细分析一下，《泰坦尼克号》的高投资无非用在两个方面，一是请偶像派明星，二是电脑制作。一些高科技、大制作的电影，其技术往往是与金钱同步的，即没有高投入，也就不会有高科技。

唐：您刚才所说的，实际上是指高科技手段的采用，使不少影片丧失了它应有的人文精神，一变而成为纯技术的炫耀，因而离电影本体越来越远。您所指的几部影片我也看过，颇有同感。那么，在今年的中外电影观摩中，哪些影片有这方面的倾向？因为您的这一看法是在今年观片中产生的。

陈：比较典型的是《指环王》。这部影片获得了今年奥斯卡十三个奖项的提名，其中很多是技术性的，如最佳摄影、最佳音乐等，这是无可非议的，但这部影片的整个情节和人物都模糊不清，人文的元素被压缩到极不重要的位置。影片的故事原本是一个英国人写的长篇神话故事，有点像中国的《西游记》，也是几个人到一个地方去，把一个戒指还给魔鬼的世界，一路上碰到许多妖魔鬼怪，一次次经受考验……但你看完影片，你会觉得这部影片除了宣扬恐怖、暴力和令人恶心的画面外，看不出人物之间的斗争，看不出人与恐惧的斗争，也看不出人和自身存在的自私怯懦等人性的斗争。这一切都被消解了，人与人的冲突，也全都被消解了。作为一部高科技拍摄的电影，《指环王》无疑会有一些吸引力，但由于影片故事内容的无休止重复造成了人文力量的贫乏，看完后会使观众疑惑编导要说的究竟是些什么，也感受不到人的勇敢，原小说里的精华全被庸俗化和模糊化了。我认为，《指环王》和《泰坦尼克号》的失败原因是一样的，都是人文精神这一层次被高科技手段异化了。这部电影在手法上吸取了电脑游戏的特点，但还不如游戏，因为玩游戏有游戏者的主观智力投入，仍然会有人文的思考，而电影是被动的，我身陷电影院里的感觉与小时候在上海老城隍庙的地府游历、看十八层地狱的恐怖景象也差不多，有时候高科技走向畸形与宣扬迷信只是一步之遥。今年所观摩的美国影片中，还有其他一些影片也暴露出这样的问题。但应该承认，高科技本身是好的，关键是怎样去采用它。对中国电影来说，只要有钱，学点高科技手法并不难，没有必要顶礼膜拜。像《西游记》，只要有人肯投资，用电脑制作，也会设计出各种各样逼真的妖魔鬼怪来。然而，我们绝对不能一味模仿美国电影采用高科技的拍法，以为这就是电影的出路，即便今后经济上有条件了，也绝不能丧失影片的人文内涵，否则是十分可悲的。好莱坞电影如果照现在这样把高科技玩到极致，必然会离电影的本体越来越远。

唐：许多人都说过，好莱坞电影不是每一部都是好的，这也包括您刚才说的，不少好莱坞影片是靠玩弄技巧与炫耀技术在吸引观众。既然如此，我们应该怎样解释如下现象：很长一个时期以来，美国电影风靡了世界，被视为"洪水猛兽"，直到今天我们仍然看不出它有走下坡路的趋势。当然，我们也可以"豪迈"地说：美国电影不会永远称霸世界，各国民族电影终将会再次崛起。但在可以预期的时间内，一时还很难成为现实。

陈：你所说的现象是存在的。美国电影在全世界范围内都是风靡市场的，我去年年底在巴黎一家专卖影像器物的大超市里转了半天，都看不到欧洲电影的碟片，而好莱坞电影充斥货架。像法国那样一个对民族电影采取保护政策的国家尚且如此，就很难想象一般的第三世界国家了。当然我所说的高科技手段的大量运用，使美国电影出现了单纯展示技术的倾向，并不意味着美国电影已开始衰败。毋庸讳言，美国电影在全世界还是很受欢迎的。之所以受到欢迎，我觉得原因主要有两点：一是美国的文化是多元的，美国的电影风格也是多元的；二是美国文化与美国电影已经培养了一批口味粗鄙的观众。先说第一点。美国的历史很短,没有什么文化根基。美国的人文力量来自欧洲,因为它有钱,可以将欧洲最优秀的人才吸引到美国去,在美国的讲台上传播他们的思想。慢慢地,美国的文化就形成了一个多元的体系。美国的电影自然也不例外。随着科学技术的发展,近二十年来,美国主流电影虽然纷纷采用高科技,造成人文力量渐渐淡出,纯技术的东西不断加强;但与此同时,还有不少电影依然有很强的人文精神。这次观摩中,有一部《人魔》,是《沉默的羔羊》的续篇,就是一部很不错的张扬人性的影片,甚至我觉得比《沉默的羔羊》更好。《人魔》也写了"吃人"的"魔鬼",那个莱克特博士其实是用吃人的野蛮方式来对"文明世界"进行报复,他吃的是真正的魔鬼,因而代表的是一种正义的力量,甚至是代表上帝在惩罚人性中的"恶"。影片写了三个真正的"魔鬼":帕齐探长很贪婪,克伦德勒很嫉妒,再一个梅森伯爵则代表了邪恶。贪婪、嫉妒与邪恶都是人性中负面的东西,都应该受到惩罚。这三个人最终都被那个代表正义的莱克特博士"吃"掉了。影片为什么要采用这样极端的表现方法?因为这些坏蛋象征了国家权力和国家机器,并集合在一起。作为一个正义的人,在无法用社会合法的形式、用人类文明的力量来战胜邪恶的时候,就只能用更加"邪恶"的办法来解决问题了。其实世界上的恐怖主义正反映了这样的人魔大战,而《人魔》的核心,反映的也正是人性与兽性的较量。我要特别强调的一点是,美国电影的多元化原因在于它有经济实力,能吸引全世界优秀的制片人、导演与演员到美国去拍电影,于是各种文化也就多元地体现出来了。这样，来自世界多元文化的人文力量就会冲击美国的主流电影，因此美国好莱坞不完全代表美国。

唐：美国电影的多样性，使不同欣赏口味的观众都能找到自己爱看的影片，因而使美国电影有着比较广阔的市场前景。那么，关于观众口味粗鄙化的问题，是怎样一回事？

陈：一个不容忽视的事实是，在比较长的一段时间里，不少国家的观众都是从小看美国影片长大的，并且一开始看的不是多样化的电影，而是单一的。美国这个国家是在西方殖民地的罪犯流放、冒险家探险和宗教迫害大迁徙等基础上形成的，再加上灭绝种族、屠杀土著民族等行为，使得它的历史充满了血腥与野蛮的遗传基因。这个国家虽然富裕，却像一头年轻的野兽一样充满强悍与嗜血的力量，与这种特征相应的就是文化的强势与粗鄙。当它因为财富的力量把这种粗鄙也当作现代先进文化而强迫别的国家来接受时，就很危险了。时间一长，粗鄙化的欣赏口味一旦形成，再想向精致转变就很困难了。前面已经讲到的那些一味炫耀高科技手段、注重形式、缺乏人文力量的电影看多了，人的正常审美能力就会走样或者丧失了。打个比方，吃鱼要吐刺，很麻烦；吃蟹要吐壳，也很麻烦；吃麦当劳就方便多了，一块面包，一点火腿，外加一点鸡肉，而且都是鸡腿，几口一咬就吃掉了。孩子麦当劳吃多了，总觉得麦当劳好吃，再让他吃鱼吃蟹，他反而会不高兴。所以，一旦粗鄙简单的东西占据了主要地位，就会形成审美期待，你再让他欣赏更复杂与更精致的东西会比较困难。我们常说，先有一批高雅的观众，才会有一批高雅的艺术；再进一步，高雅的观众会用挑剔的眼光审视高雅的艺术，使高雅艺术走向更加精致。

相反，如有一批粗鄙的观众，那与之相适应的艺术必然是次等的，同样再进一步，次等的艺术会继续败坏观众的口味。几十年来，美国电影在世界许多国家都培养了一批忠实的观众，这其中有高雅的，也有粗鄙的，还有其他各种各样的，但是以粗鄙为主流。这种粗鄙电影一边迎合，一边培养了一批低层次的观众需要。这即是美国电影之所以长期风靡世界的重要原因之一，也是值得我们注意的倾向。

唐： 在中国似乎也有这样一批观众，尤其是在年轻的一代观众中，不少人是唯美国电影不看，而一说到国产电影就极力排斥，态度十分坚决。除了您上面所讲的原因外，还有另外一些复杂的因素，比如甘拜下风，无论什么东西，凡国产的总比舶来品差；比如随风倒，人云亦云，既然国产片看的人少，那我也不看；再比如一味地对国产电影横加指责，把国产电影搞得灰头土脸，以至明明有些国产电影很不错，结果也被一片指责之声淹没了。您前面曾经谈到，中国电影有很好的传统。这一传统具体表现在哪些方面？希望您能谈得详细一点。

陈： 每个国家都有自己的文化传统。一个民族发展几十年、几百年，甚至几千年，没有特有的文化传统维系着是很难想象的。中国电影与世界电影基本上是同步的，中国电影早在20世纪20年代就比较完整了，到了三四十年代的现实主义电影，发展更加成熟，不少影片在今天看来仍然属于经典之作。至于50年代的革命题材电影，同样涌现出不少优秀的作品。这一健康的发展过程，形成了中国电影自身所特有的好传统——始终有着人文的东西在支撑着，使你看了以后，总觉得有一种人性的力量深深打动你，令你回味无穷，也令你深思。因此，在加入 WTO 以后，面对海外电影，主要是美国电影大举"入侵"的压力，中国电影的好传统千万不能丢掉！

唐：今天我们已经是"世贸"组织的一个成员了，说了多少年的"危机"终于变成了现实。根据入关时的协议，今年海外进口的大片由十部增加到二十部，比往年翻了一番，这自然对国产电影的压力也就增加了一倍。今后这方面的压力还会逐年加大。面对这种状况，消极、悲观、退让，根本无济于事。要紧的是要有积极的对策。在3月份召开的政协会议上，文艺组的一些委员就发表了很好的见解。如长春电影制片厂著名导演李前宽说，加入"世贸"，意味着双向交流，你赢我也要赢。我们拿什么赢？我们的电影比不过他们的高投入和高科技，但我们有丰富的人文历史，有很好的电影资源，有取之不尽的景地，有一支有才能的电影大军和偌大的电影市场，必须要有把中国电影纳入"走出去"的战略。这样的见解，比之前几年种种消极的论调，可谓大大向前跨进了一步，表明中国电影人在压力日益逼近之际，思想认识逐步成熟。作为电影圈外人，又是很关注中国电影发展的一个学者，从已经站在"世贸"组织内的立场出发，您认为中国电影首先应该在哪儿开始行动？

陈：作为一个中国的电影工作者，虽然不必把海外大片作为自己的假想敌人，但首先应该有一颗敢于抗衡的心。关键是要根据自己的立场和传统，要在世界电影领域敢于与别人平等地对话。电影是世界性的艺术，各国电影在世界文化交流中应该是平等的。我们不否认，在当代电影制作的科学技术上，中国电影是有差距的，但这除了经济上的原因外，并无其他什么太复杂的问题。一旦经济问题解决了，要赶上去并不是件太难的事。然而，可怕的是一些中国电影人的心态，他们觉得中国电影处处不如人，高科技我们没有，现代电影语言也跟不上，结论就是没办法和人家抗衡。要是细说起来，理由更是充足：美国一部电影动不动一投资就是几千万甚至是一个亿，而且是美元；我们呢？好一点的是几百万，少的只有一百万，而且是人民币。投资比不过，艺术上也就没法说了，于是胸无大志就成了顺理成章的事，脑子里想的是拍点粗俗的东西，收回投资，赚点钱就算了。这样的精神状态，怎么能和美国电影抗衡？

唐：树立一颗敢于抗衡的心，固然重要，但我觉得怎样去抗衡，也值得慎重考虑。比如您说中国电影有很好的传统，那么这传统在今天应该怎样继承和发展，就很值得研究。再比如我们到底该怎样去挖掘这些资源，以便用自己的优势去克服劣势，同样值得研究。在这方面，您有些什么看法？

陈：像李前宽所说的中国电影要"走出去"恐怕也没有那么简单，我们不能作过于理想化的遐想。中国电影的主要对象在中国，中国那么大，观众那么多，如果能够拍出真正反映中国人自己的生活，并牵动了千家万户心灵的好影片，我想是会受到欢迎的。问题是现在许多国产电影都拍得不好，虚假得很；而真正反映现实的作品，对生活有独立思考和人文批判精神的作品，几乎都广陵散绝。我最担心的是把立足点放在意识形态上。隐隐约约总有着这么一种看法，美国电影的内容乱七八糟，要抗衡就要有我们自己的东西，而所谓要有"我们自己的东西"，我听下来的意思就是要宣传我们的思想、道德等意识形态方面的内容。这几年，我们也有上千万甚至几千万元的大投资影片,并且都是"宏大叙事"的,但拍出来的效果并不理想,投资也收不回来。这是什么原因?你当然不能说电影不能有宣传,你也不能说电影不能涉及意识形态,但它们都必须体现在电影的艺术当中,或者说是艺术性地加以表现。美国的许多电影都宣传美国精神,比如《巴顿将军》就是典型的一例,但那是艺术化地宣传,很吸引人,大家愿意看。同样,我们也可以拍我们的"刘伯承将军"或其他什么将军,宣传中国精神,为什么至今我们还没有在这方面拍出特别好特别经典的影片来?原因不仅是能力问题,更是我们的艺术观太陈旧,对电影的有些管理制度都是陈腐的,拍出来的东西总逃不了"主动宣传"的框架。加入"世贸",就意味着我们的文化要在世界性的逻辑上进一步发展,就是说要与时俱进,说到底,只能是调动知识分子的传统力量,弘扬知识分子人文关怀的精神。1980年代中国电影还是有许多具有人文精神的好作品,这是有历史记载的,谁也抹杀不了。1990年代艺术普遍平庸化以后,这种知识分子的传统萎缩了。你只要看第五代导演的作品,《黄土地》《红高粱》《活着》《霸王别姬》《秋菊打官司》《二嫫》等,都是多么好的电影!但到后来,他们能在国内放映的是什么电影?如果我们先把自己的好传统阉割了,那在西方强势文化面前还拿什么去抗争?就像明代末年,皇帝先杀东林党,后杀袁崇焕,把健康力量都消灭了,拿什么去跟清兵抗衡?结果崇祯只好在煤山上吊。当今以美国为代表的西方文化霸权非常强,并且因为美国的历史很短,没有包袱,所以他对别的民族的历史与文化很不尊重。在强势文化与我们弱势文化的撞击中,强势文化首先要摧残的是弱势文化中的精英部分,而不是弱势文化中的糟粕。如果我们自己也跟着不尊重自己的传统，那就等于帮了强势文化的忙。今后我们的文化既要在世界性的逻辑中发展，又要继承与发扬原有的传统。两者如何协调，是一篇大文章。

唐：我记得，在今年中外影片观摩结束后的讨论会上，您最后说到，您对中国电影的前景是抱乐观态度的。在这篇对话即将结束时，我希望您就此具体地说一说。

陈：从电影来说，我们千万不能丢掉从1940年代就已经形成的由人文支撑的好传统，非但不能丢掉，而且还一定要有所发展，向世界拿出我们自己的好影片来。在这方面我还是有点信心。为什么？因为电影是超越语言的，不像文学创作，尤其是小说诗歌，需要翻译成另外一种语言才能够获得外国观众，但一经翻译，文学作品就已经不再是原汁原味的了，而电影不一样，它是唯一可以让西方人不通过语言来接受的文学样式。中国许多电影（以第五代导演为代表）是够得上国际水平的，这只要从中国在世界上获得的奖项就能看到。还有中国香港、台湾以及海外华人制作的电影，都应该进入我们的整体性视野。王家卫的《花样年华》、李安的《卧虎藏龙》都是值得研究的。我们不要一看到获得国际奖的作品，就本能地挑别人的毛病，而是应该先问一下，为什么我自己就拍不出来？问题在哪里？《卧虎藏龙》是很有意思的电影，我看了这部影片后写过一些文字，但没有发表。一部影片好不好，不是看它表面是否花花绿绿，而是要看它深层的东西。《卧虎藏龙》的故事很通俗，但在故事背后有许多值得回味的东西。只要我们不死抱着一些陈旧的狭隘的电影观念不放，打破清规戒律，真正解放思想和观念创新，把知识分子对时代、对生活的严肃思考完全表达出来，我想肯定能够把中国电影从困境中救出来，走进一个真正健康的新时代。如果能这样做的话，那么，加入WTO倒是一个很好的机会，机不可失啊！

初刊《电影·电视·文学》2002年第3期，原题为《要有一颗敢于抗衡的心——关于入世后中国电影发展的对谈》

有行有思，境界乃大
——答颜敏[①]

一、学科之反思：世界华文文学可以成为独立的学科，但不要成为孤立的学科

颜敏（以下简称颜）：陈老师好，今天想请您全面介绍一下您在台港澳暨海外华文文学研究领域的心得体会，通过访谈这一方式，我们这些后进可以学到那些无法在著作论述中直接获取的"史料与思想"。

陈思和（以下简称陈）：我没有专门去研究过台港文学，因为我从来没有认为台港文学应该从整个中国当代文学研究领域中独立出来。作为一个研究中国现当代文学的学者，他的学术视野里必然包含台港文学。"海外华文文学""世界华文文学"是后来的概念，但要充分了解中国现当代文学的流变及其在世界上的影响，那么海外华文文学、世界华文文学也应该在他的

[①] 颜敏，时为惠州学院中文系副教授，现为惠州学院中文系教授。

视野里面。但现在我们讨论的"世界华文文学"这一概念非常含糊，它实际涉及了几个层面：一是早年从台湾去美国定居的一批作家，我们原来一直把他们放在台湾文学范畴里研究，如白先勇、欧阳子、聂华苓等；二是随着内地改革开放，一大批中国作家出国而形成的创作群体，如严歌苓、虹影、哈金、北岛、杨炼等。这些作家本来就是中国当代文学的重要存在，后来因为各种原因出国了，我们也没有把他们看成外国作家，还是把他们看成中国当代文学的一部分；第三部分才是与中国文学有间离关系的，如东南亚各国的华文文学，这是中国人在海外几代以后的在地作家写出来的文学，当然属于外国文学；第四种是世界各国用所在国语言写作的华人文学或者华裔文学，我们现在还关注不够，我认为也应在视野之中，如汤婷婷、谭恩美等华裔作家，他们的小说里有很多中国因素，但他们用英文或所在国的语言写作，严格地说应属于所在国文学的组成部分。因此，世界华文文学的各种成分都是国别文学的组成部分：或是中国文学的组成部分，或是外国文学的组成部分。不过，因为其中包涵了跨民族、跨文化的因素在里面，也可以作为比较文学的组成部分。正是鉴于世界华文文学或华人文学的复杂性，所以作为一个学科来设立，就有某种天然的局限性。我觉得它可以成为独立的学科，但不要成为一个孤立的学科。

颜：您曾经和刘俊老师对话时也含蓄道出对"世界华文文学"学科化的看法，您对此能做进一步的阐释吗？

陈：现在学术界的普遍风气就是利用文化发展的大趋势，尽可能地把自己研究的领域无限制地扩大，助长了好大喜功、自我膨胀的风气。我觉得对于一个学科来说，不能简单的划定界限以及研究对象，而应该寻找建立学科的内在逻辑以及它是否有持续性发展的可能性。当然，我们要发展自己的研究事业，总会把自己工作的重要性夸大，这也没有太大坏处。但问题在于，如果你不敢面对学科内存在的矛盾，这个学科就发展不好，譬如说，"世界"是一个概念，"华文文学"又是一个概念，中国是否属于这个"世界"？如果你把"世界"等同于"外国"，那么中国内地自然不能包括，台湾、香港更不能包括，这样所包含的内涵实在太小。如果你说你是研究东南亚华文文学，这能算一个独立学科吗？美国或其他国家的华文文学写作者就更少，而且主要发表的场地可能还是海峡两岸，那么能算一个独立的学科吗？还有一种理解的方法就是，把中国大陆、台湾、香港等文学也放进去，我们都属于世界的一部分。在我看来，"世界华文文学"最好能把包括中国内地文学在内的所有华文文学放进去，这样才有可能建立一个比"中国现当代文学"更加多一些、复杂一些的学科概念。

颜：对，以语种为标准整合世界华文文学是很好的思路。

陈：是，这样就通了。另一方面，从学科自身的发展来看，太小的范围是发展不好的，学科需要有再生性。如果世界华文文学仅仅考虑华裔和华侨文学，不但数量有限，质量也会下降，因为在海外，往往是第一代华裔在写作，到第二代第三代就开始疏离了。所以，应该把中国的"汉语文学"放进去，这个学科才有再生的可能性。

二、交流之功效：对区域华文文学的完整认识与深入研究离不开学术交往、传播出版等文学交流活动

颜：您最早接触台港澳暨海外华文文学是什么时候？后来又是怎样逐步深入展开传播与研究的？

陈：我对台港文学的最初接触很简单，因为上海是最早与台港、海外作家建立联系的地方，像於梨华、白先勇、杜国清等作家回大陆，第一站就到上海，他们都来过复旦；同时复旦也是全国最早上台港文学课的，1979年我在读大学三年级时修了陆士清老师的台湾文学课程。这门课上得非常精彩，介绍了很多出色的台湾和海外作家的作品。我因为喜欢这门课，就有了对台港文学的兴趣。当时陆老师讲朱西宁、司马中原等人的小说，让我们大开眼界。

1988年，我和导师贾植芳先生做一个国家项目"外来思潮流派理论对中国现代文学的影响"，就想去了解港台文学的外来影响。台湾当时还不能去，我就去香港中文大学待了四个月。这四个月对我帮助很大。我搜集了大批香港文学的资料，弄清楚了两个问题：一是关于"美元文化"的问题，通过阅读期刊和资料，我发现不能完全把它看成是反面的东西，它介绍引荐西方文化思潮，创办各种文学刊物，培养了西西等一大批作家，对香港文学的推动很大；第二个问题是对香港通俗文学的理解。香港的通俗文学极其活跃，我们当时受新文学传统的影响看不起通俗文学，香港人自己也看不起通俗文学，但它自有其存在价值。当时我就香港文学的商业化现象提出了一个"文学读物"的概念（对此我还有进一步的阐释）。在弄清楚这

两个问题之后,我对香港文学有了较为完整的认识。那时香港新华社为了配合 1997 年香港回归,要为内地干部编一些香港手册,约我写一篇关于香港文学介绍的报告,我就把这两个看法写了进去。这是我研究香港文学的开始。

这四个月中我还有机会接触到了台湾文学,看到了很多台湾的杂志。在卢玮銮教授的介绍下认识了一些台湾作家,像龚鹏程、林燿德、李瑞腾等。我跟他们一见如故,以后一直保持了联系,这对我后来从事台湾文学研究帮助很大。其中,我特别感谢诗人林燿德,他是个艺术奇才,写诗、小说、理论,样样都是好手,他在海峡两岸文学交流中做了很多工作,对我帮助也很大。1988 年,林燿德与罗门来复旦访问,打算和我联合建立一个两岸青年作家联谊会,后来没有实现。那时两岸之间还不能交流,但林燿德是最早的民间文化交流的破冰者。在 1990 年代初,他多次邀请我去台湾参加学术会议,但我无法出席,不过我还是写了论文请人在会上代为宣读,其中与台湾文学有关的,一篇是关于台湾新世代作家的总论,还有一篇是关于台湾科幻小说的论文,都是整体性的论文。当时大陆研究台湾文学的学者很少关注这些领域。

出版与传播是我 1990 年代最重要的工作,我与台湾的一些出版社和报系都建立了较为稳定的联系。1990 年,我结识了台湾兰亭书店老板陈信元。当时他自己的出版社已经歇业,担任了业强出版社的总编辑,希望把大陆的学术、文化慢慢介绍到台湾。于是,他和我、还有陈子善,一起出版策划了好几套丛书。我们一起合作工作了十年左右,前后总共出了约二百种书,比较有名的是"中国文化名人传记丛书",一共有三十种；另外一套"青少年图书馆"，是针对青少年读者的文化丛书，这套书一共出了一百多种。1995年和1996年我先到新加坡，后到日本，接着又去了中国台湾和瑞典。在日本，我认识了台湾文学研究者松永正义教授。在他家里，我看到了大批台湾沦陷时期的文学资料，这个对我震动非常大。原来我知道的台湾文学只是局限于1945年以后的，现在一下子就延伸到甲午战争以后，我的视野就打开了。我的学术研究喜欢找源头，台湾日据时期文学就成了我心中一定要了解，一直要解决的问题。

1996年我第一次去台湾开会——当时"中央日报"副刊主编梅新邀请大陆学者去台湾参加"百年中国文学"的国际学术会议——我在会上见到了一大批台湾作家，其中有朱西宁、彭歌、纪弦、无名氏等元老级的作家，还有痖弦、高信疆、杨泽、焦桐等台湾名编，也见到了高行健、北岛、严歌苓等一批海外作家。这次会议对我以后的学术发展产生了很大的影响。在这次会议后，王德威教授就推荐我第二年申请做联合报系的大陆访问学者。我又去台湾一个月，住在台湾"中研院"。那一次访台，我有心研究台湾国民党统治时期的文艺政策，在那里跑了许多图书馆，采访了尹雪曼、王蓝等一批元老级的人物。更重要的收获是，我认识了台湾文学专家许俊雅教授，她在台湾古典文学研究方面是首屈一指的专家。通过许教授的帮助，我又获得了大量台湾文学的第一手资料。因此，大约在1997年以后，我对台湾文学也有了整体的把握，现当代文学研究领域的整体思路也打开了。

从那以后差不多每隔一年我就会去台湾，与台湾四大报系的文学副刊主编都建立了很好的联系，如《中国时报》《联合报》等副刊也经常向我约稿，我的台港文学研究论文也多发表在这些刊物上。

颜：您主编的《上海文学》非常富有开放性，对台港与海外华文文学都非常关注，不断推出专题、专栏和专号，据不完全统计，自1979年以来，《上海文学》共刊载相关作品二百三十五篇，您任主编期间刊载的相关作品就有七十六篇，差不多是总数的三分之一。请问您当时为什么会特别关注这些作家作品，您是怎样和这些作家建立联系的。

陈：《上海文学》刊发海外文学作品是有传统的，李子云老师主编时就开了先河。李老师本人也是台湾文学研究领域最早的开拓者，她与很多海外作家都建立了良好的联系。而在我的心中，从来就没有专门区分台湾文学还是大陆文学，只是希望能够发表各种不同风格的优秀作品。我是从2003年主编《上海文学》的，筹备第一期（刊物第七期）稿子时我就约了张大春的文稿。其实我不认识张大春，但写过他的小说《城邦暴力团》的评论文章。我的想法是通过这个杂志沟通两岸及海外华文文学。我认为最优秀的文学是一致的，都可以沟通。在这方面我做了不少尝试与努力，像骆以军、朱天文、童若雯等人的作品，都在《上海文学》发过。那时候他们的作品还没有被引进大陆图书市场。

颜：《上海文学》比较倾向于先锋和前卫，您选择台港和海外华文文学作品时，也是从艺术性方面进行考量吗？

陈：也不完全是，主要是个人喜好。我喜欢这些作品就发了。

三、研究之反思：体制之外，资料先行，生活感知，统之以世界性因素和整体观的视野，方可实现研究的超越

颜： 与专门从事台港澳与海外华文文学研究的内地学者相比，您偶尔为之的批评文字，除了体现出文学史家的整体意识之外，还能够从文本自身捕捉到属于作品作家的独特风味，体现出您文本细读的才气和功力。让人颇感畅快淋漓。这是否意味着非体系的阅读能够带来某种解放？

陈： 1980年代初期，中国内地主要是关注乡土派，因为那时候台港文学研究刚刚起步，受到政治干扰很大，一般的人都集中于乡土派以及几个和内地关系密切的作家。但过了几年之后，台湾政局发生变化，许多乡土作家因反台湾当局而倾向于本土立场，像宋泽莱、王拓等，我们学术界反过来又去推崇现代派的作家（或者说倾向于台湾当局的作家）。从艺术趣味上，我比较倾向现代派的作家，但像王桢和、黄春明、陈映真等乡土派的作品我也很喜欢。我一开始研究台湾文学就比较独立，我是很自觉地不愿参与到内地台港文学研究领域的主流中去，也不喜欢受到政治体制的干扰。我只是一个知识分子，一个学者，我以我的自觉的觉悟和良知去体会另一种体制下的台湾文学、香港文学。可以说，我所有的研究以及交流活动，都是站在民间立场上进行的。

颜： 没有进入到体制之内，反而有了自由，更关注审美性的东西，所以您关注的文学现象都比较新颖和前卫，如同性恋文学、自然写作、新生代文学等，这些都是当时内地文坛没有

关注的。

陈：对，后来我对台湾文学兴趣越来越浓，写了各种各样的评论文章，把1990年代台湾文学领域出现的新的创作现象都注意到了。总体来说，我不太喜欢主流的作家作品，倾向于边缘性的文学。

颜：您在《治学三十年的回顾》中也提到过，很多文学史研究中的学术概念都是由您先走一步，领风气之先，再由学生们接下去深入研究。您已经指导了十八篇与台港澳暨海外华文文学相关的硕博士论文，这些选题多数是您某些研究论文的延伸、细化和深化。您让他们进入这一领域有怎样的学术用意？请您谈谈您在指导学生做相关研究时的总体思路。

陈：我怎样指导学生呢？首先资料都是我提供的，题目也都是我定的。但我有三条原则：一是要他们对课题真的感兴趣；第二要求他们把作家的书读通；第三要求他们到当地走一走。不了解当地，不到那里去生活，就没有办法深入研究。如凡是写台湾文学的学生，我都千方百计安排他们到台湾去生活一段时间。现在学生去台湾做研究很容易，我基本都是通过一些私人关系来安排的。我的意思是，你没有到过台湾，最好不要研究台湾文学。

颜：他们做的作家个案都比较透，比较深，这也算是一种传播效应吧。因为如果没有人去研究，这些作家作品在大陆就根本无人知晓。

陈：关键是，这些作家作品的资料在内地都不齐全，怎么可能去研究？我自己也写过一些大陆学界很少关注的台湾作家的介绍，像王尚义、吉铮等。

颜：您提出的"整体观"和"世界性因素"，已经成为了新时期以来现当代文学研究的基本方法与研究范式。在您有关台港澳与海外华文文学的研究论文中，同样也能看到上述研究思路的贯彻。请您谈谈，作为一种方法论的"整体观"和"世界性因素"，是如何用来研究台港澳与海外华文文学的？

陈：1985年"新文学整体观"刚提出来的时候，我还没有把台湾文学考虑进去，到1987年出版《中国新文学整体观》时我可能加了一些东西，但还没有想清楚。到1988年以后就改变了。我觉得"新文学整体观"不包括台湾文学是不完整的。这本书在台湾出繁体字版的时候，我还结合台湾文学重新划分新文学史的分期，形成了我对文学史格局的基本思考。我的看法是，1937年后的中国文学存在三个格局：一个是沦陷区，一个国统区，一个是解放区。当然，沦陷区或殖民地文学一直要追溯到1895年，甲午海战失败，清政府割台。1895年后中国文学出现了殖民地文学和非殖民地文学。殖民地文学就要考虑到台湾日据时期的文学、伪满洲国文学、1937年抗战之后的沦陷区文学，还要包括1840年以来的香港和澳门的文学。国统区文学到了1949年以后就转移到台湾。三分天下的格局在1949年之后依然存在，直到1987年台湾解禁，1980年代内地改革开放，1997年香港回归，三地都开始发生变化后，原来的对峙局面才开始慢慢消融。所以，中国文学其实有一个从合到分的过程，或者一开始有分，后来慢慢变成几大块，最后走向融合的过程，这就是我对"整体观"的思考。在"整体观"视野中，台湾文学、香港文学都不是孤立存在的，而是整体观里所覆盖的一个组成部分。我们研究文学一定要有这种整体意识。

颜：关于"世界性因素",您提到两种研究方式：一种是看作品的内容层面；但更重要的是第二种,看作家在世界文化格局里如何创造出一些属于自己的东西,从而丰富了文学或文化。您说的后一种"世界性因素"的视野和方法,我们在研究实践中该如何去体现呢?

陈："世界性因素"应该怎样理解呢?我反对把各个国家之间的文学关系简单地理解为输出和接受的不平等交流关系。世界是一个笼统的范围,任何地方都存在"世界性因素"。对于空间而言,某种文学形态的存在不仅有时间上的先后,还有空间上的差异。比如"二战"以后,西方现代主义思潮最早被介绍到香港,香港有了《文艺新潮》等刊物介绍现代主义；然后再影响到台湾,台湾的现代主义诗歌、小说等出现了；最后在1980年代的中国大陆出现。这三个区域的现代主义文学的实践,彼此是平等的,并没有谁是老师谁是学生的关系,它们之间的差异就构成了中国现代主义文学的不同特点,并且在总体上形成了丰富性。

颜：在这一视野之下,可能在某一个阶段,台港与海外华文学的"世界性因素"更加突出,面对这样的文学现象,如何具体进行研究?

陈：可以这样去思考,当我们面对同一个事件的时候,不同国家和地区的作家如何表述?比如东南亚地区都经历了抗日、抗英、反殖民、独立等阶段,对这个过程,马来人是怎么理解的?华人、印度人又是怎样理解?他们的表述不一样,可问题是都一样的,都是要求民族独立自由。对这个问题的不同表述就是"世界性因素"。不同民族的语言都有不同表述,每一个不同表述其实都是中心问题的一部分,它增加了考虑问题的新维度。又比如说女权主义是欧洲发源的思想,传到各个国家的表述是不一样的,但在各种不同表述之中,不能说谁真谁伪,彼此都是有价值的、平等的。

颜:您在《20世纪文学史理论创新探索》的导言中提到,在近年的文学史写作中,都注意到了台港澳文学等新兴研究领域的成果,但大多数的文学史依然是走"拼接"的道路,没有对这些文学现象进行比较充分的文学史定位和理论探讨,就将其塞进原有的文学史框架里,结果造成文学史的逻辑混乱和大杂烩的弊病。这是否也是您虽然已经阅读了大量台港文学作品,但在1999年版的《中国当代文学史教程》中却依然不敢贸然将之整合进入文学史写作的原因?

陈:当时还是资料不够。我觉得,写一个作家可以,但写文学史,如果没有充分掌握资料,是不可能写成的。

颜:我想,若写中国文学史,是一定要有台港澳的,那么这些区域文学要如何进入到大的框架之中呢?

陈:这就是一个问题。我的看法是不能拼接,拼接在逻辑上就有问题。我认为现在的文学史在处理台港澳文学上还缺乏逻辑,还缺乏文学史意识,还有很多问题没有解决。

颜:要从更高的层次梳理它们之间的关系,实际上还要回到您的"整体观"上来。

陈:对,就是要有整体观。但这里还有一个大问题:学界的研究者还没有进行有效对话和对接,这就是把台港澳暨海外文学从中国文学领域剥离出去单独成立学科的消极后果。现在研究现当代文学的学者不关注台港文学，研究台港文学的学者又几乎不涉及现当代文学，从而学界的视野越来越狭窄。这两部分的学术研究不能相通，中国文学史就写不通。

如果真的通了，很多问题就迎刃而解，但现在还没有通。我的文学史迟迟没有完成也与这个原因有关。比如说中国的现代通俗文学，它从来没有消失过。"五四"以后走向边缘化，1949年后转向香港、台湾，还出了金庸、梁羽生这样的武侠大家，到1980年代又在大陆出现。这是一个完整的过程，不能把它割断；如果把它割断了，就讲不清楚。

颜：那么，在文学史的大视野中，我们这一领域的初学者该做些什么功课？

陈：单个作家研究没有关系，但是心中要有一个文学史的全盘，这样你对一个作家就能定位。特别是现在两岸三地都充分交流沟通之后，一个作家的存在，其实是对整个中国文学都产生影响的，不仅是对某个地区有影响。比如说骆以军，作为今天先锋文学的范例，他创造了一个抽象的、实验性的文学。为什么这样的作家能在同样是市场化的台湾出现，而不能在香港和大陆出现呢？像这些问题一经讨论的话，骆以军就不只对台湾文学有影响，而是对整个中国文学都发生影响。

颜：最后请您对内地的世界华文文学研究提出建议和展望。

陈：现在研究条件比当年好多了，至少资料搜集不那么艰难，政治上禁忌也少，而且逐渐学科化了，研究生在研究课题时有导师指导，这对研究的发展肯定有好处。但我觉得，要研究台湾就要到台湾去生活一段时期，研究南洋就要到南洋去工作一段时期。这是最重要的。如果不是知人论世，不了解当地的环境氛围，感情上是不贴的；而且，因为华文没有语言障碍，我们会想当然地做学问，但其实背景不一样，表达的东西是不一样的。我倒是建议，这个领域要深入到台湾、香港、海外，一定要深入下去，光靠开会喝酒碰杯是没有意义的，否则我们研究者的整体素质不可能提高。我们研究文学的根本就是要推动生活发展，推动社会进步；我们今天研究台港文学就是要促进双方的理解、彼此的沟通。"读万卷书，行万里路"。多跟当地作家交流，视野才能真正开阔。

颜：谢谢陈老师！通过这次访谈，我不但获知了不少有关台港澳暨海外华文文学的传播史料与研究方法，更重要的是明白了研究不能成为面壁的职业需求，而应扎根于生活实践，促成人与人、人与社会的交往和对话。基于这样的立场，才能做出大的学问，达成大的境界。这正是"有行有思，境界乃大"。

访谈时间：2012 年 10 月中
访谈地点：复旦大学光华楼

初刊《当代作家评论》2013 年第 4 期，原题为《有行有思，境界乃大——"陈思和与世界华文文学"之访谈录》

文化软着陆面临的挑战
——答傅小平[①]

傅小平（以下简称傅）：最近商务印书馆出了美国学者安德鲁·鲁宾的著作《帝国权威的档案》，读后我首先想到的是"文明的冲突"的概念。自亨廷顿提出这个概念后，可谓影响深远，因为它指涉的多是战争、贸易等国际间的争端，毕竟不是我们日常生活中所能经历的。当这个问题延伸到我相对熟悉的文学领域之后，才感觉切近起来。这本书还有个副题"帝国、文化与冷战"，显然是有所指的。

陈思和（以下简称陈）：我也是上周刚拿到这本书，匆匆看了一遍，还没时间好好思考。我的最初印象是，鲁宾研究的那段历史与我们今天的环境不太一样，那时候是冷战时期。第二次世界大战以后，1940年代到1980年代这段时间，整个世界主要分化为两大阵营：苏联为首的社会主义阵营和美国为首的资本主义阵营。当时制约世界的意识形态，我们称之为"冷

[①] 傅小平，时为《文学报》记者。

战"。这个概念现在已经不怎么用了,年轻人可能会感到陌生。但在当年,每个民族国家都需要选择,你要么是投靠资本主义阵营,要么是投靠社会主义阵营。这两个阵营还形成了两大军事集团,苏联为首的有一个"华沙条约组织",美国与西欧有一个"北大西洋公约组织",军事上它们是对峙的。当时整个世界意识形态就体现为冷战思维,所以有关文化活动,从国家意识形态的角度来说,都是在参与冷战。我在读小学的时候就知道这样一些世界性的知识,当时我们被灌输的理念就是"美国侵略世界各国""要打倒帝国主义"等等。这给我们造成的印象是,只要是来自美国的东西都是坏的,只要是来自苏联的东西都是好的。当然,后来苏联与中国的关系也搞坏了,中国开始反对"美帝苏修"。那个时候两大阵营的意识形态被打破了,所以毛泽东晚年提出了"三个世界"的理论。到了1980年代末,随着苏联和东欧社会主义阵营解体,冷战时代就彻底成为历史了。在冷战的背景下,任何世界性的文化活动都离不开冷战思维。不仅仅是美国和苏联,也不仅仅是华沙条约组织和北大西洋公约组织,当时中国的很多文化活动也是卷入了反对美国为主的冲突中。当时在两大军事集团之外的中间地带,即后来被称之为"第三世界"的国家,往往是它们争夺的目标。《帝国权威的档案》是研究那个时代的文化历史的,披露了美国、英国等资本主义国家(尤其是美国中央情报局)如何通过一些文化组织,比如文学自由协会等,组织策划全球的意识形态,目标是反苏、反共。如果你辩证地看这个现象,那么,当时的苏联同样也在全世界布局,反对美国、英国,这方面也能举出很多的例子。

我们也注意到，那时候没有网络新媒体，最重要的媒体就是报刊杂志。你会看到，美国在不同语种的国家里都策划了宣传出版的产品，就是刊物；当然他们也是有所选择的，选对他们有利的国家。读完这本书会让你大吃一惊的是，作者罗列了很多在国际上非常有名（即使到今天也非常有影响的作家），他们都受到过美国中央情报局的帮助。让你更吃惊的是，这些作家在全世界造成的影响，居然也与美国方面的刻意包装有关。这本书里面用很大篇幅写到乔治·奥威尔。那个时候的奥威尔还没有写《1984》《动物庄园》这些名作，但他是一个反对苏联斯大林体制的西方自由主义作家，后来，就有好几个语种的国家同时出版他的著作，一下子就把他给炒红了。可以想象，当我们读到乔治·奥威尔、以赛亚·伯林等作家的背后原来是有美国中央情报局在推动的时候，你似乎会大吃一惊。

傅：的确有些吃惊。在这本书的论述里，文学竟然在文化冲突和交流当中起到这么大的作用。这是否夸大了文学在冷战中所起的作用？

陈：读这本书的时候，我想起了一件事。1988年4月，我第一次到香港去，在香港中文大学做访问学者，工作计划是搜集香港文学的有关资料，我特别关注的是，西方文学是怎么影响了香港文学的？我当时采访过很多作家，他们都跟我说起，在1950年代香港最主流的文化是"美元文化"。要理解这个意思，你就得联系当时的背景。共产党掌握了中国大陆政权以后，美国为了抑制共产党的影响，在香港设了一个文化据点——友联出版社。他们通过办刊物、出丛书、翻译文学作品等等形式，用钱资助香港的南下作家，包括张爱玲在内。许多作家都受到过这个出版社的资助。

傅：这么说，张爱玲的写作是否会受这种资助的直接影响？

陈：有影响。友联出版社当时出版了很多译著，大多译自美国的经典小说，张爱玲也翻译过，像《老人与海》等等。友联也办了一些刊物，或者资助一些针对大学生的刊物。这个情况就与鲁宾在这本书里披露的情况很相似。为什么会出现这样的情况呢？因为"二战"以后美国的地位上升，在西方世界要取代英国的盟主地位，成为西方资本主义国家的领袖，所以它要向全世界（尤其是"第三世界"）宣传美国资本主义文化的价值观，来取代英国的传统资本主义的文化价值观。但英国的历史比美国悠久得多，有很深的文化积淀。美国有什么呢？当然不只是好莱坞电影、流行文化，它还有福克纳、海明威等重要作家的作品。美国就是要把这些包装宣传出去。香港的友联出版社就做这么两件事。我们都知道，香港那时被称为"文化沙漠"，主要文化就是六合彩、赛马会、警匪电影、流行小说等等，但"美元文化"注入以后，先是把从内地流亡的作家网罗起来了；有了一定的阵容，他们就不停地宣传美国文化，出版了大量的优秀文学作品。这些读物，尤其是一些最重要的刊物，像《中国学生周报》等，覆盖了香港很多大中学校，这些就是在"美元文化"的扶植下产生的，很多香港作家（比如西西）都是在这些刊物上起步的。

傅：也就是说，他们不仅仅是资助作家、学者，而且在其势力所及的国家、地区，都有自己的阵地，以此来扩大影响。

陈：事实就是这样。如果有了这方面的了解，读到这本书就不会感到惊讶了。在冷战思维的影响下，中央情报局做这样的文化普及工作，就像书里写的那样，做得有声有色，是很正常的，甚至是必然的。但从今天的角度来看，书里有些地方也写得偏颇。第一个是当年的"美元文化"有着很明显的政治目的，就是要在世界范围内扩大美国的影响，培养亲美派。的确也有很多作家，受了"美元文化"的资助或扶持后，慢慢扩大了影响。这是有道理的，但我觉得作者还是夸大了这个影响。为什么？因为很简单，这本书里面举例说，"美元文化"出于意识形态的考量，培养了这个作家，而没有培养另外一个作家，结果造成了没有被培养的作家籍籍无名。而实际的情况是，书中提到的一些没有被作为培养对象的作家，主要是进步作家。如果是优秀的作家，在世界上也会产生很大的影响，比如说聂鲁达。在我们社会主义国家里，应该说聂鲁达有很大的影响。我们那时候读诗歌，读的就是聂鲁达的诗。他还得过诺贝尔奖。因此，怎么能够说没有被美国中央情报局选择和扶植的作家就默默无闻了呢？真正优秀的作家，是权力遮蔽不了的，即使生前寂寞，身后仍然会获得重视。

傅：当然不能不承认，他们选择培养的作家，都是极具实力的。也就是说，他们选择作家的时候，肯定会考虑其政治上的效用，但同时也考虑到他们的文化影响力。

陈：政治对文化是有影响的，财政的支持更会扩大其影响。但应该说，文学与文化的涵盖面远远超过政治。在作家出现困难的时候，"美元文化"可以给予他们一定的资助。当时张爱玲流亡到香港，想恢复学籍，可是香港大学不接受她；困厄中，友联出版社帮助了她，她就在那里站住脚了，又有了创作活力。

傅： 这倒是个很有意思的研究课题了。这里我有个疑问，照作者鲁宾的理解，作家好像是很容易被收买的。

陈： 我觉得不存在收买的问题。

傅： 那作家该怎样体现独立的立场？

陈： 美国支持哪些作家首先是有选择的。它选择的就是像奥威尔这样的自由主义作家，本身对美国文化有认同感，还有一些本质上保持精神独立的作家。当后者遇到了困难，美国也会出手资助。比如这本书里讲到了托马斯·曼、阿多诺等，在德国受到迫害，流亡到美国。这并不是说他们就认同美国文化，很可能他们在很多方面是不认同的。所以，美国既接纳他们，同时对他们也是有监视有制约的。这对他们的写作会有一些影响。但在监视的过程中，美国还是帮助他们，让他们自己发展，尤其是阿多诺。他是法兰克福学派，也是西方马克思主义的代表人物，美国对他的著作审查非常严格，一些敏感词是肯定不能出现的。

傅： 换句话说，这些作家写出来的作品，要接受美国政府的审查？

陈： 阿多诺的书被审查时，美国中央情报局会用代码把他书中的一些敏感词消掉。所以阿多诺既然要在美国生存下去，就得在一定程度上与美国的审查制度达成妥协。当然，用我们今天的眼光来看，美国当时也有点小题大做，这是冷战思维所决定的。其实"反苏"和"反共"，或者"反马克思主义"，实际上并不是一回事。反对苏联不代表反对共产主义，尤其是不认同苏联的斯大林政权，不代表就是反对共产主义。有些人信仰马克思主义，但他们未必就相信苏联。

傅：很重要的提醒！"反共"和"反苏"，实际上并不是一回事，但公众经常会贴上标签，把这些需要进一步厘清的词汇混淆了。

陈：这是一个很复杂的现象，但往往给混为一谈了。阿多诺后来在美国大学里当上了教授，有了终身俸，不再需要资助了，这时他又开始重申以前的马克思主义观点了。从这个角度上说，知识分子也在利用政治。这方面，我们注意得比较少。

傅：是这样的。知识分子也出于各种各样的需要而借力政治，从而实现自己的诉求。

陈：奥威尔就是这样的。需要特别指出的是，即使没有看过《1984》的人都知道，奥威尔塑造了一个形象叫"老大哥"。我们后来都以为，这个"老大哥"指的就是斯大林政权。实际上，奥威尔写这个的时候，"老大哥"也可以指法西斯希特勒政权，因为法西斯政权同样也是专制独裁的政权。所以，"老大哥"的形象，从正面看可以认为它是在批判希特勒政权，反面看则可能是批判斯大林政权。特别有意思的是，到了"911事件"以后，当美国布什政府出兵打阿富汗、伊拉克的时候，美国群众举起了奥威尔的旗帜，说美国正在实行"1984"。这个时候的"老大哥"，又被人用来指美国布什政府了。

傅：倒像是从一个侧面反映了文学的普泛性。经典文学作品往往不会局限于表现特定的领域，虽然当时作家很可能是出于特定的目的创作的。

陈：这就涉及到艺术典型的话题了。有些艺术形象一旦成了艺术典型，它就带有普遍性，它不再局限于当时当地的具体内容了。在奥威尔写《1984》的时候，"老大哥"可能是影射苏联，但到了今天，苏联也瓦解了，那影射谁就不重要了。重要的是，这个"老大哥"所对应的专制独裁是否还存在？"老大哥"已经成了一个"共名"。当美国出兵阿富汗、伊拉克的时候，反对者也可以用奥威尔的武器来反对美国。

　　从这个意义上说，文学永远大于政治。尽管某个国家政府可以花钱去培养一个"反共"作家，或者资助自由主义作家的"反苏"倾向。但这些权力者永远不会了解，文学和文化涵盖的意义远远大于政治，更大于某个具体政权。一旦文学变成经典，谁曾经扶植过已经不重要了，就像我们现在看米开朗基罗的画。当年他的创作都是受到贵族、教会资助的，但艺术作品一旦创作出来，就有独立的艺术价值。我们不关心这些赞助或者订购的贵族或者主教是谁，我们关心的只是米开朗基罗创造的艺术力量。赞助人与我们有什么关系？一点也没有。艺术和文学的力量就在这里，因为它代表了人性最本质的力量。所以，政治当然要利用文学和艺术，只有愚蠢的政治才会打压天才的艺术创造。不是说了吗？奥威尔出版一本书的力量远比大批量的"反苏"宣传有力得多。但这个宣传效应只是在短暂的阶段里能够起作用，过了这个阶段就没有意义了。过了这个阶段以后，很多宣传品读物都消失了，但也有一些留了下来，这些是真正的天才创作。当然，还有一点需要加以辨别：你很难说当年那些作家是自愿为这个政权或者意识形态服务的。因为他们中有一些人本身就奉行自由主义思想，这种思想与美国利益吻合了，美国就会支持他；如果他本身就是一个共产主义者，与苏联利益吻合了，苏联也会支持他。我年轻时就没听说过奥威尔这样的作家，因为中国不宣传这些作家。所以说，这些作家的影响也没超出当时特定的文化版图。但在这个文化版图下，他们确实留下了辉煌的名字，更是远远超出了政治影响，成为了一种文化。这就是文学大于政治的典型范例。

另外一点我们也要注意到，任何政权，任何国家的意识形态，都会利用文学来为它服务。但通过这本书，我们可以看到，美国中央情报局是怎么利用文学的。首先，他们都是在扶植一些优秀作家，而不是一厢情愿地扶植一些没有品行的马屁作家。像奥威尔、艾略特、托马斯·曼，以赛亚·伯林等，这些作家本来就是响当当的有名作家。也就是说，美国中央情报局没有因为政治因素的考虑而降格以求，牺牲文学的水准。其次，它对这些作家进行扶植的含义也是相当宽泛的，比如，只要在他们出资的刊物上发过文章的作家，他们就给算了进去。打个比方说，现在有一本什么杂志，其实这个杂志有些政治背景的，它向作家约稿，作家就给它写了。但只是给它写稿，就挣一点稿费而已，却未必收到过什么津贴，也没有签约为它们服务，所以也不用夸大这些背景的作用。

傅：反观我们的现实，在对外文化交流中，多少存在着为了政治、经济甚至是文化自身的考虑而降格以求的情况。

陈：现在不是说要提升文化软实力吗？我们要向世界宣传中国文化吗？这本书里介绍的一些美国经验倒是值得重视的。他们推荐什么人？他们是选择那些已经成功的人，他们的选择标准是取决于这个作家已经有相当影响了，不是说组织一群芸芸众生，办一个学习班，让这些人出名。这与我们的有些做法是有明显区别的。对外宣传不能搞地毯式的轰炸，一说要把著作介绍到国外去，国家就砸进去不少钱，很多人也借此机会向国家要钱，组织很多外译项目。效果好不好呢？翻译出来的书是不是有人买呢？如果没有人买，没有人看，就起不到什么效果。我们买单，外国出版商赚钱，结果印了很多废品都堆在书库里了。我没做过这方面的具体调查，但我听翻译界的朋友说的这些现象值得重视。靠搞群众运动的方式，铺天盖地"倾销"在中国也没有什么人读的书，最后把真正有影响的作品都淹没了。打个比方，一百本外译的书，九十五本是差的，还有五本算是比较好的，但是在九十五本差书产生的恶劣影响下，连这五本比较好的书也给遮蔽了，人家也不看了。

你再看这本书里鲁宾所写的美国中情局是怎么做的？他们首选奥威尔等作家，因为这些作家在文学创作上已经取得较高的成就，他们被包装，让不同国家的杂志都登他们的文章，扩大他们的影响。其实，奥威尔他们的文章与美国的主流价值未必完全一致，但经过这样的宣传，这些人会改变对美国的印象（至少在感情上会倾向它），这样美国在不知不觉中增强了自身的亲和力和凝聚力。所以我觉得，要在世界各国扩大文化影响力，是一个很艰巨、很细致、甚至还是长期的工作，绝对不能像现在这样粗鄙地、狂轰乱炸地去做。你看美国中情局，当它要包装一个人的时候，可以让他在不同语言的杂志上同时出现；而且他们还有一些很聪明的做法：要让这个作家有名，先把他的文章组织翻译好，然后把他和其他一些大作家的作品放在一起呈现，提高这个作家的地位。总之一句，集中精力推荐几个真正优秀的作家，比不分青红皂白地"倾销"一大堆废品效果要好得多。

傅： 这本书里举了墨西哥作家胡安·鲁尔福的例子。总部设在欧洲的文化自由代表大会，有意把胡安·鲁尔福和托马斯·曼放在一起，有规律地反复出现在各种期刊上，让他的作品以富有影响力的方式得以在世界范围内广泛传播。

陈：其实胡安·鲁尔福本来就是一个极优秀的作家，他的作品在中国也很受重视。他们这种做法仅仅是一种技术。更重要的还是我们要选择真正有价值的、国外读者可能接受的作家去包装。我举一个可能不太恰当、会引起误解的例子，像莫言、余华、苏童、阎连科这样一批在国家获过各种文学奖项，产生了一定影响的当代作家，还有像严歌苓、虹影这样一批自身在国外已经有重要影响的作家，甚至是台湾到国外定居的优秀作家（像白先勇），这些作家本身就代表了一种世界上能够接受的文学形象，不管他们的小说是否符合我们政府的主流价值，都应该把他们在国外的成功，视为一种与世界发生影响的契机。我们就应该珍惜这样一些已有的成就。因为，这些作家在国际上的形象越正面，影响越大，西方读者越是认同他们，也就意味着中国在国外的形象越正面，影响越大。

傅：这可能会招致功利主义或实用主义的批评。从莫言获奖后获得的反响看，在一片喝彩声中，批评莫言反倒显出批评者不屈从于主流话语的批评的理性和正义。但不管怎样批评，我觉得都要有一个共识：莫言获奖本身，是他自身的创作实绩，也是中国当代文学创作实力提升的一个例证。

陈：应该说，随着中国经济实力的上升，国际影响确实也会越来越大。人们会关心中国的经济和政治，但文化上的影响怎么样？中国人现在有钱了，但给世界各国的印象就是一个戴土豪金、买奢侈品、跳广场舞的为所欲为的土豪形象。相比之下，有一个作家获得了诺贝尔奖或者其他什么有影响的奖项，不会被人当成是负面影响；如果说有负面影响，那也是我们中国人自己闹出来的。我觉得，中国的文化和文学在国际上的影响力需要慢慢积累。一个中国作家在外面得奖了，又有一个中国作家在外面有名了，再有一部电影受到关注了，等等等等，这都是非物质的文化财富，有了这些成功的经验，自己国家也有名了，中国文化的正面形象也就慢慢出来了。

傅：在这本书里，我们几乎找不到中国作家的印迹。这是否可能是作者的疏忽，或者说中国文学在冷战时期的确没什么话语权？

陈：那时候的中国在政治上还是一面倒，属于苏联阵营的成员。但是你有没有注意到，书中写到了美国对非洲作家的选择和扶植？美国是在两次世界大战中慢慢崛起的，冷战时期一方面反对和遏制苏联的社会主义阵营，另一方面就是为了取代欧洲（主要是英、法国家）在殖民地国家中的地位。非洲国家当时正在反帝、反殖民，他们主要是反对英国、法国的殖民主义，但美国并没有因此而把这些非洲国家视为敌对，其中一个原因在于，美国的黑人都是从非洲过去的，从血缘上说，美国与非洲有亲戚关系。所以，美国中情局资助的文化自由代表大会也选择了非洲国家，在那里渗透自己的影响，比如非洲的诺贝尔文学奖得主沃莱·索因卡。你看这本书中所描写的，他是由美国一手包装起来的。但这个说法到底是否准确，我无法判断。非洲还有很多优秀作家，非洲以外的国家是不知道的。我在主编《上海文学》的时候，约严歌苓写作有关非洲的小说。我就问她，索因卡这样的作家在非洲是不是特别有名？严歌苓说，非洲有很多很有名的作家，国际上都不知道。非洲大多数人是不识字的，要让文学得到有效的传播，就得通过广播剧的形式，因为广播剧是很多人都可以听，而且能听得懂。所以非洲最优秀的作家，很多都是写广播剧的，也就是相当于讲故事的。这些讲故事的人，欧洲大陆是不知道也不认识的。这本书里面就讲，美国怎样把一些非洲作家推到了西方世界的上流社会。它是怎么推的呢？比如把一个非洲作家的文章与托马斯·曼的文章并列在一起发表，慢慢人家就只认这个作家了，这个作家就是非洲的代表了；要是考虑给非洲作家诺贝尔文学奖，那就会给了这个作家。

傅： 如果是放到中国，也会出现同样的情况。

陈： 我们有很多作家，西方可能不知道。但是如果我们不从向国外"推销"中国文化的意义上着眼，这个也就不重要了。中国有十多亿人，如果一个作家能做到十多亿中的多数老百姓都知道，他在世界上就已经有很大的影响了。虽然欧洲人、非洲人不一定知道他，但影响到中国人，就已经是很了不起的成就。这个话题就涉及到这本书的最后一部分，就是"人文主义、领土和问题技巧"一节，其中讲到了德国作家奥尔巴赫，他写了一部《模仿论》（我为之特意到书店去买了一本中译本，但还没来得及仔细读）。奥尔巴赫把世界上各国文学作品拿来比较，最终说明世界各地的文学是不一样的，多元的，存在差异。我曾经在比较文学领域提出过中国文学的"世界性因素"的观点。什么是"世界性因素"呢？这就得说到比较文学的一个核心理念。所谓"比较文学"，最初考察的是一个国家的文学，无论是在写作技法上，还是在思想观点上，怎么影响了另外一些国家的文学？这个影响是什么？它是怎么产生的？又是怎么影响到另一个国家的？这些问题实际上都是需要做精心考证的。又比如，那些译本是怎么传过去的？那里的人又是怎么接受的？

傅： 应该说，这方面的研究是缺乏的。即使有这样的比较研究，也多半失之于笼统和机械。比较文学研究，既然做的是比较研究，就不该是单向的，而该是对等的、双向的。以此看，我们是不是有必要反过来研究鲁迅或巴金，看他们具体影响了哪些外国作家的创作？

陈： 实事求是地讲，比较文学在其学科发展过程中也受到过"欧洲中心主义"的影响。最早的比较文学理论核心（所谓法国学派），强调世界各国的现代文明都是由欧洲发散出去的，世界其他地方的文化都是落后的，所以最初的比较文学就特别关注法国、英国文学怎么影响了俄罗斯等等。"欧洲中心主义"的整体思维框架就是西方把文明传递给了东方，好像以前东方世界都是野蛮的、没有文明的一样。当然，"欧洲中心主义"后来受到质疑，不过虽然受到质疑，但现在，我们也没有办法完全宣告"欧洲中心主义"死亡。我曾经在比较文学领域提出过一个看法，即中国的比较文学需要有比"欧洲中心主义"更加普世的思想理论，而不是跟在欧美国家的学者后面学他们的理论观点。我前面提到过"世界性因素"。所谓"世界性"，主要强调的是要有一个超越"欧洲中心主义"的视角。我讲过"世界性因素"的问题，就是说，中国要不要依靠欧洲先进国家的认可来解决世界性的问题？不需要。因为中国本来就是世界的一部分。当我们讲世界文学的时候，中国文学本来就被包含在里面,这个问题在郑振铎编撰《文学大纲》的时代就解决了。莫言获得诺贝尔文学奖,只是说莫言被西方社会认可,不能说被"世界"认可。而且这个所谓的"世界"的定义,有很强的倾向性。你到非洲去,人家没有说走向"世界";只有你到欧洲去,到美国去,在那里得奖了,才是走向"世界"。反过来,比如说,如果我们给美国人一个奖,一个电影的大奖,他不会说美国终于走向"世界"了,最多是说被中国人接受了。

傅: 说得特别好。我也听一些专家、学者发表过相同的意见,他们也认为,中国就在世界上,又何需"走向世界"?回到你说的比较文学,我们在做研究时,是不是也要有意识地把中国放进去,并且要强化这样一种意识?

陈: 是啊。实际上,我们作家写的任何一个作品,在中国发生的任何一个文学现象,其实都是世界的。当然,对待各种问题,中国人的理解方法可能跟西方人不一样,比较文学应该考虑各个国家间存在的差异。这才是比较文学研究的重点。所以,我们可以得出这样一个结论:任何人不能否认中国本身有其庞大的市场,有自己的文化价值观,即便不被西方承认,也不能说中国的因素就不是世界的,中国的很多原创性的文化艺术,总是在世界上产生影响,因为它本身就是世界的一部分。在这个问题上我们要有自信。打个比方吧,中国有很好的作家,比如贾平凹,他一口陕西方言,外国人读起来难懂,他的小说就很难被翻译成西方文字,但这不能说贾平凹的作品就不是世界性的,只能说在贾平凹的艺术世界中,有独特的表现中国乡土的方法。他的这种文学表现,因为文体的特殊性,在传播上更有难度,但就文学价值而言,是不能被忽视的。也许在世界文学的平台上，贾平凹的作品更具有独特性和代表性。我的理解就是这样。所以这本书确实引起我很多的思考。当然，鲁宾在写法上有点问题，有点虚张声势。本来很正常的问题，给它一写，就显得有点不正常了。

傅：仔细想想，"走向世界"的理念何以如此影响深远？很大程度上是由西方社会包装和塑造出来的缘由。

陈：这也是今天我们要实行文化软着陆面临的挑战。中国文学在对外传播上有一个大问题，就是语言问题。欧洲各国语言很相似，相互容易理解，但要把中国的文字翻译好，确实不容易。随着中国经济实力的增长，外国人会关心中国发生什么事了。可能他们不了解中国，到中国来旅游，就能让他们对中国有表面的理解，这样，他们就会关心中国电影、中国文学，通过这些媒介来理解中国。所以我们不必太在意，外国人看的这个电影有没有在利用我们？在诬蔑我们？这种冷战思维要不得。你要这样想，中国的电影作品在国外放映受到欢迎，这本身就是代表了中国在世界上的影响，而影响本身就是复杂的，不能仅仅从政治的角度去衡量。读了这本《帝国权威的档案》，我的第一个体会就是文化、文学的意义大于政治的意义，但我的想法与鲁宾要表达的意图恰恰相反，我觉得不要担心文化的背景后面有没有政治，因为政治元素不会长久，过段时间就过去了，比如苏联解体了，跋扈一时的克格勃就没有了，斯大林也没有了，冷战也没有了，但冷战留下来的东西还有没有生命力，就要看文学本身的力量了。

初刊 2014 年 11 月 13 日《文学报》